Die Bestraften in Deutschland.

Ein Ermittelungsversuch, wieviele Millionen der deutschen Reichsbevölkerung (Reichsvolkszählungstag vom 1. Dezember 1910) wegen Verbrechen oder Vergehen gegen Reichsgesetze bestraft sind.

Nebst einem kriminalstatistischen Atlas
(10 Übersichtstafeln) als erläuterndem Anhang

von

Dr. jur. Karl Finkelnburg
Direktor des Königlichen Zellengefängnisses Moabit.

Berlin 1912.
J. Guttentag, Verlagsbuchhandlung,
G. m. b. H.

„Die erschöpfende Bestandsermittelung der Bestraften in der Bevölkerung ist an sich der moralstatistisch bedeutsamste Ausweis auf dem gesamten kriminalistischen Gebiete. . . . . .“

G. v. Mayr, Statistik und Gesellschaftslehre (Sozialstatistik) Seite 487.

„Die Kriminalstatistik soll dasselbe leisten, was im wirklichen Kriege der Eklaireurdienst leistet.“

Krohne, „Der gegenwärtige Stand der Gefängniswissenschaft“ (Zeitschr. für die ges. Strafr.-Wissenschaft, 1881, Seite 75.)

Literatur.

Die Reichskriminalstatistik (Statistik des Deutschen Reichs) für die Jahre 1882 bis einschl. 1909.

Jahrgänge 1882—1885, N. F., Bd. 8, 13, 18, 23.
„ 1886—1890, „ „ 30, 37, 45, 52, 58.
„ 1891—1895, „ „ 64, 71, 77, 83, 89.
„ 1896—1900, „ „ 95, 120, 126, 132, 139.
„ 1901—1905, „ „ 146; Bd. 155, 162, 169, 176.
„ 1906—1909, Bd. 185, 193, 228, 237.

Deutsche Sterbetafeln für das Jahrzehnt 1891—1900 (Statistik des Deutschen Reichs, Bd. 200).

Kriminalität der Ausländer und Inländer (Statistik des Deutschen Reichs, N. F. Bd. 132 S. II 31; N. F. Bd. 146 S. II 49; Bd. 185 S. II 43).

Die Deutschen im Ausland und die Ausländer im Deutschen Reiche (Ergänzung zum Vierteljahrsheft I zur Statistik des Deutschen Reichs, Jahrg. 1905).

Die natürliche Bevölkerungsbewegung im Deutschen Reiche seit 1872 (Vierteljahrsheft IV zur Statistik des Deutschen Reichs, Jahrg. 1911, S. 41).

Die ortsanwesende Bevölkerung nach Oberlandesgerichtsbezirken für den 1. Dezember der Jahre 1880—1905 (Statistik des Deutschen Reichs, Bd. 185 S. II 59).

Die überseeische Auswanderung (Statistik des Deutschen Reichs) in den Jahren 1882 bis 1910.

Jahr 1882, 1. Reihe, Bd. 59 S. I 86.
„ 1883, Monatshefte 1884, I.
„ 1884, Monatshefte 1885, I.
„ 1885—1890, Monatshefte 1886—1891, I.
„ 1891—1907, Vierteljahrshefte 1882—1908, I.
„ 1908—1910, Bd. 223, 227, 236.

Kriminalstatistik für das Deutsche Heer und die Kaiserliche Marine, Jahr 1909 (Vierteljahrsheft III zur Statistik des Deutschen Reichs, Jahrg. 1910).

Die Zoll- und Steuerstraffälle im Rechnungsjahre 1908 (Vierteljahrsheft III zur Statistik des Deutschen Reichs, Jahrg. 1909).

Deutsche Justizstatistik. Jahrg. XIV., Berlin 1909.

Zur deutschen Justizstatistik für das Jahr 1909 (Vierteljahrsheft IV zur Statistik des Deutschen Reichs, Jahrg. 1910).

Justiz-Ministerialblatt für die preußische Gesetzgebung und Rechtspflege. 72. Jahrg., 1910.

Bayerische Justizstatistik für das Jahr 1910.

Sächsische Kriminalstatistik für die Jahre 1882—1903 (Zeitschrift des Königl. Sächs. Stat. Landesamtes, 52. Jahrg, 1906, 1. Heft).

G. v. Mayr, Statistik und Gesellschaftslehre, III. Bd. Sozialstatistik, I. Teil Moralstatistik (1. Lieferung, Tübingen 1909; 2. Lieferung, Tübingen 1910; 3. Lieferung, Tübingen 1912).

—, Die Nutzbarmachung der Kriminalstatistik (Monatsschr. f. Kriminalpsychologie und Strafrechtsreform I, 1904).

—, Die Gestaltung der Deutschen Kriminalität im Jahre 1897 (Beil. z. Allg. Ztg. 1898 Nr. 289).

—, Wesen und Ziele der Kriminalstatistik (Jahrb. f. Kriminalpolitik und innere Mission, I. Bd., Halle 1895).

—, Congrès intern. de Statistique. 8ème Session à St. Petersbourg. Compte-Rendu II. Travaux du Congrès St. Petersbourg 1874 (mit programmatischen Darlegungen über Wesen und Methode der Kriminalstatistik).

—, Vorlage der Kriminalstatistik, betr. den intern. statist. Kongreß in St. Petersburg (Zeitschrift des k. b. stat. Bureaus 1871).

—, Ergebnisse der Strafrechtspflege im Königreich Bayern (XIX. Heft d. Beitr. z. Stat. d. Kgr. Bayern), München 1868.

—, Statistik der gerichtlichen Polizei im Königreich Bayern und in einigen andern Ländern (XVI. Heft d. Beitr. z. Stat. d. Kgr. Bayern, München 1867).

H. v. Scheel, Artikel Kriminalstatistik (Handb. d. Staatsw., 2. Aufl., Jena 1900).

—, Zur Einführung in die Kriminalstatistik usw. (Allg. Stat. Archiv I 1, Tübingen 1890).

Tschierschky, Versuch einer Darstellung der kriminellen Eigenschaften der Stadtbevölkerung von Görlitz in den Jahren 1899, 1900 und 1901. Bearbeitet im Auftrage des Magistrats zu Görlitz für die „Deutsche Städte-Ausstellung zu Dresden 1903". (Graphische Kunstanstalt und Druckerei von Karl Ernst, Görlitz 1903.)

R. Böckh, Arbeiten des Statistischen Amts der Stadt Berlin, die Kriminalität der Bevölkerung betreffend (Statist. Jahrb. der Stadt Berlin, XXII. Jahrg., Statistik des Jahres 1895).

—, Statistische Messung der Bestraften der Bevölkerung von Berlin, insbesondere mit Gefängnis und Zuchthaus (Statist. Jahrb. der Stadt Berlin, XXIII. Jahrg., Statistik des Jahres 1896).

—, Die mit Gefängnis Bestraften in der Berliner Bevölkerung (Statist. Jahrb. der Stadt Berlin, XXIV. Jahrg., Statistik des Jahres 1897).

O. Köbner, Die Methode einer wissenschaftlichen Rückfallstatistik als Grundlage einer Reform der Kriminalstatistik (Sonderabdr. aus Zeitschr. f. d. ges. Strafrechtswissenschaft, Bd. XIII, Heft 5), Berlin, 1893.

Rettich, Die württembergische Kriminalität (Sonderabdr. aus Württemb. Jahrb. f. St. und Landeskunde 1894, 1., Stuttgart 1895).

H. Seuffert, Strafregister (v. Stengel, Wörterbuch des Deutschen Verwaltungsrechts, Bd. 2 S. 365 ff.).

Fr. v. Liszt, Das Verbrechen als sozial-pathologische Erscheinung (Strafrechtl. Aufsätze und Vorträge, II. Bd., Berlin 1905).

K. Krohne, Lehrbuch der Gefängniskunde unter Berücksichtigung der Kriminalstatistik und Kriminalpolitik, Stuttgart 1889.

—, Der gegenwärtige Stand der Gefängniswissenschaft (Zeitschr. f. d. ges. Strafrechtswissenschaft, I. Bd., 1881).

Aschrott, Erhebung und Verwertung statistischer Daten auf dem Gebiet der Strafrechtspflege (Zeitschr. f. d. ges. Strafrechtswissenschaft, V. Bd., 1885).

A. v. Oettingen, Über die methodische Erhebung und Beurteilung kriminalstatistischer Daten (Zeitschr. f. d. ges. Strafrechtswissenschaft I, 1881).

W. Starke, Die wichtigsten Elemente der Kriminalstatistik (Abschnitt I von dessen Bericht im Bulletin de l'Inst. Int. de Stat. IV 1, Rome 1889).

—, Die Ergebnisse der Strafrechtspflege im Königreich Preußen usw. während des Jahres 1881 (Zeitschr. des Königl. Preuß. Statist. Bureaus, Ergänzungsheft XIV).

Mittelstädt, Kulturgeschichte und Kriminalstatistik (Zeitschr. f. d. ges. Strafrechtswissenschaft, IV. Bd., 1884).

G. Lindenberg, Die Ergebnisse der deutschen Kriminalstatistik 1882—1892 (Jahrb. f. Nationalökonomie und Stat., III. Folge. 6. Bd., Jena 1894).

—, Bemerkungen zur deutschen Kriminalstatistik für 1888 (Jahrb. für Nat. u. Stat., III. Folge, 1. Bd., Jena 1891).

E. Wulffen, Psychologie des Verbrechers. I. Bd., S. 369 ff. Statistik. Gr. Lichterfelde O., 1908.

A. Kloß, Eine Zählung der Zeugenmeineide im Strafprozeß (Monatsschr. f. Kriminalpsychologie und Straftrechtsreform II, Heidelberg 1905/06).

Langer, Kriminalstatistik und Strafrechtsreform (Preuß. Jahrbücher 1908).

H. Dietz, Zur Kriminalstatistik für das deutsche Heer und die Kaiserliche Marine (Goltdammers Archiv für Strafrecht und Strafprozeß, 58. Bd., Heft 4—6).

Damme, Die Kriminalität und ihre Zusammenhänge in der Provinz Schleswig-Holstein (Zeitschr. f. d. ges. Strafrechtswissenschaft, XII. Bd., 1892).

H. Bennecke, Bemerkungen zur Kriminalstatistik des Großherzogtums Hessen (Zeitschrift f. d. ges. Strafrechtswissenschaft, IX. Bd., 1889).

W. Földes, Einige Ergebnisse der neueren Kriminalstatistik (Zeitschr. f. d. ges. Strafrechtswissenschaft, XI. Bd., 1891).

Högel, Die Grenzen der Kriminalstatistik (Statist. Monatsschr., N. F., XII. Jahrg., Wien 1907).

E. Petersilie, Untersuchungen über die Kriminalität in der Provinz Sachsen (Zeitschrift „Gerichtssaal" Beilageheft zum 64. Bd., 1904).

B. Blau, Kriminalstatistische Untersuchung der Kreise Marienwerder und Thorn. Berlin 1903.

W. Weidemann, Die Ursachen der Kriminalität im Herzogtum Sachsen-Meiningen (Abhandl. des kriminal. Seminars an d. Universität Berlin, N. F., 2. Bd., Heft 1 u. 2).

Fr. Dochow, Die Kriminalität im Amtsbezirk Heidelberg, Berlin 1906.

G. Aschaffenburg, Das Verbrechen und seine Bekämpfung (2. Aufl., Heidelberg 1906).

Fr. Leppmann, Der Gefängnisarzt. Berlin 1909.

v. Bar, Probleme des Strafrechts. Göttingen 1886.

Reinh. Frank, Die Überspannung der staatlichen Strafgewalt (Zeitschr. f. d. ges. Strafrechtswissenschaft XVIII, 1898).

E. Mischler, Die Kriminalstatistik als Erkenntnisquelle (Fr. v. Holtzendorff und E. v. Jagemann, Handb. des Gefängniswesens, I. Bd., Hamburg 1888),

—, § 15: „Symptome der Kriminalität" (Fr. v. Holtzendorff und E. v. Jagemann, Handb. des Gefängniswesens, II. Bd., Hamburg 1888).

K. Seutemann, Die im engeren Sinne soziale Kriminalstatistik als Statistik der Rechtsgüterverletzungen (G. Schmollers Jahrb. für Gesetzgebung etc. XXIII., 2., Leipzig 1899).

F. Tönnies, Das Verbrechen als soziale Erscheinung (Archiv f. soz. Gesetzg. u. Statistik, VIII., 3., Berlin 1895).

H. Forcher, Rückfallstatistische Studien usw. (Statist. Monatsschrift 1909).

W. Wahlberg, Das Maß und der mittlere Mensch im Strafrecht (Wien 1878).

Enrico Ferri, Studi sulla criminalita in Francia de 1828—1878 (Annali di stat. Roma 1881, II. vol. 21).

Al. A. Tschuprow, Statistik als Wissenschaft (Archiv für Sozialw. und Sozialpol., XXXIII. Bd., Tübingen 1906).

A. Lenz, Kriminalstatistik und Kriminalpolitik im Hinblick auf die Schweiz (Schweiz. Zeitschr. f. Strafrecht, 14. Jahrg., 1901).

J. Kaufmann, Die Ergebnisse der Strafstatistik des schweiz. Zentralpolizeibureaus f. d. Jahr 1905 (Zeitschr. f. schweiz. Stat. 1907, Bd. I).

Fr. Meisel, Moral und Technik bei der Veranlagung der preußischen Einkommensteuer (G. Schmollers Jahrbuch usw., XXXV., Leipzig 1911).

A. Wadler, Moralstatistik (Die Statistik in Deutschland nach ihrem heutigen Stand, Ehrengabe für Georg v. Mayr, Bd. I, München und Berlin 1911).

G. Losch, Wanderungsstatistik (Die Statistik in Deutschland nach ihrem heutigen Stand, Ehrengabe für Georg v. Mayr, Bd. I, München und Berlin 1911).

W. Beukemann, Methode und Umfang der deutschen Volkszählungen (Die Statistik in Deutschland nach ihrem heutigen Stand, Ehrengabe für Georg v. Mayr, Bd. I, München und Berlin 1911).

Das Deutsche Reich besitzt seit dem 1. Januar 1882 eine Reichskriminalstatistik. Sie erscheint alljährlich. Es liegen zur Zeit 28 Großfoliobände vor. Ein gigantisches Material! Aber im Grunde genommen: Fachleute und Laien nehmen nur wenig Interesse an ihm, denn es gehört schon eine besondere Fertigkeit dazu, sich in dem Labyrinth von Zahlen zurechtzufinden, das sich jedes Jahr um einen neuen Zahlengang vermehrt. Eine gemeinverständliche Literatur, die die Kriminalstatistik in der Fülle ihrer Erkenntnisse für die Öffentlichkeit mundgerecht macht, ist, so sehr sie auch not täte, nicht vorhanden. Man kann ohne Übertreibung sagen: Selbst die wenigsten Juristen haben sich mit dem Studium auch nur eines einzigen Jahrganges der Reichskriminalstatistik erschöpfend befaßt. So hat das Riesenwerk, das jahraus jahrein das Kaiserlich Statistische Amt, unterstützt vom Reichsjustizamt in Berlin, am Lützowufer unverdrossen schafft, nicht die weitwirkende Frucht getragen, die es seiner Bedeutung nach verdient.

Es kann deshalb insbesondere nicht Wunder nehmen, daß kriminalstatistische Probleme, die einen größeren Zeitraum von Jahren oder Jahrzehnten umspannen, so gut wie garnicht behandelt werden. Insbesondere ist noch niemals die Frage aufgeworfen und zu lösen versucht worden, ob und wieweit es sich auf Grund der bis jetzt geleisteten reichskriminalstatistischen Erhebungen feststellen läßt, wie zahlreich die kriminelle Bevölkerung ist, welche sich zur Zeit im Deutschen Reiche befindet. Die einzelnen Jahrgänge der Reichskriminalstatistik geben nur für das jeweilige Berichtsjahr an, wieviele Rechtsbrecher verurteilt sind. Es ist aber bis jetzt in Deutschland noch nicht der Versuch gemacht worden, zu ermitteln, wie groß die schwarze Flut geworden ist, die sich aus all diesen 28 Zuströmungen schließlich gebildet hat und den Inbegriff der zur Zeit lebenden Reichskriminalität darstellt. Soviel ich weiß, ist auch in keinem anderen Kulturstaate der Welt eine zahlenmäßige Untersuchung dieser Art methodisch erfolgt. Trotzdem braucht dieses Problem eigentlich nur ausgesprochen zu werden, um sofort allseitig das lebhafteste Interesse zu erregen. Denn aus dem endlosen, verstaubten, erdrückenden Wust toter Zahlen, die in dem dritthalb Dutzend Folianten eingesargt sind, steigt die Delinquentenmasse ans Licht, welche noch leibt und lebt und aktuell ist. Die herrschende Meinung wird dahin gehen, daß das Problem, wieviele bestrafte Menschen in Deutschland zur Zeit leben, mit den vorhandenen Hilfsmitteln überhaupt nicht möglich sei zu lösen. Eine solche Bestandsaufnahme sei eine Utopie. Wir glauben das nicht. Es scheint sich uns sogar nicht einmal um ein besonderes Wagnis zu handeln. So viel ist nur richtig, daß es sich bei unserer Untersuchung um ein wissenschaftliches Neuland handelt und deshalb, wie bei jeder Entdeckertätigkeit, besondere Schwierigkeiten obwalten. Um so lockender ist dafür auch der Preis. Natürlich ist klar, daß wir mit unserer Forschung nicht die restlose Lösung einer Mathematikaufgabe anstreben. Das Verlangen wird ja auch niemand stellen wollen; sondern **es gilt lediglich die Schaffung eines genügenden Approximativwertes.** Zweck dieser Arbeit ist, zu beweisen, daß es eine Originalmethode gibt, vermöge deren sich dieses Ziel erreichen läßt.

Ehe wir uns an eine eigentliche Zählarbeit begeben, für deren anfängliche Trockenheit wir am Ende durch ein um so vollsaftigeres Schlußergebnis entschädigt werden, müssen wir uns klar machen, um was für eine Delinquentenmasse es sich bei uns überhaupt handelt. Die Reichskriminalstatistik zählt nämlich nicht alle bestraften Menschen. Sie gibt nur einen Ausschnitt aus der Gesamtdelinquentenmasse, der ihr von besonderem Allgemeininteresse zu sein scheint. Objekte der Reichskriminalstatistik sind einzig und allein solche Rechtsbrecher, die wegen Verbrechen und Vergehen gegen das Reichsstrafgesetzbuch und dessen Nebengesetze verurteilt sind. Es sind folgende Reate, die nicht in der Reihenfolge des Strafgesetzbuchs aufgezählt sind, sondern, dem Charakter dieser ganzen Arbeit entsprechend, nach ihrer statistischen Bedeutsamkeit, also ihrer Begehungshäufigkeit: Körperverletzung, Diebstahl, Verbrechen und Vergehen wider die öffentliche Ordnung, Beleidigung, Betrug, Unterschlagung, Widerstand gegen die Staatsgewalt, Sachbeschädigung, Verbrechen und Vergehen wider die Sittlichkeit, Verletzung fremder Geheimnisse, Verbrechen und Vergehen wider die persönliche Freiheit, Begünstigung und Hehlerei, Urkundenfälschung, Gemeingefährliche Delikte, Verbrechen und Vergehen wider das Leben, Raub und Erpressung, Amtsdelikte, Verletzung der Eidespflicht, Bankrott, Falsche Anschuldigung, Münzdelikte, Religionsvergehen, Zweikampf, Personenstandsdelikte, Majestätsbeleidigung, Hoch- und Landesverrat. Näherer Information halber tut man hier gut, einen Blick auf Übersichtstafel I des kriminalstatistischen Atlasses am Ende dieses Buches zu tun. Die 26 Gruppen, die vorstehend namhaft gemacht sind, und um die es sich bei uns fortgesetzt handelt, sind plastisch dort dargestellt; auch findet sich dort ein ausführliches Verzeichnis, welches detailliert die Unterabteilungen der Deliktsgruppen mit allen Sonderzahlen gibt.

Es mußte nur ein einziges Vergehen gegen das Strafgesetzbuch für unsere Untersuchung — auf den Übersichtstafeln des kriminalstatistischen Atlasses ist es jedoch überall mit enthalten — seiner eigentümlichen Struktur wegen ausgeschaltet werden. Das ist die Wehrpflichtverletzung (§ 140). Die Wehrpflichtverletzungen (im Jahre 1909 = 7580 Fälle) erfolgen nämlich regelmäßig im Abwesenheitsverfahren und lediglich auf Grund der von den Musterungsbehörden bescheinigten Tatsache der Nichtgestellung. Sie beziehen sich deshalb sehr häufig auf Leute, die sich überhaupt nicht mehr am Leben befinden oder als Kinder von ihren auswandernden Eltern mitgenommen sind und deren Wehrpflicht im Deutschen Reiche durch Naturalisation im Auslande und Verlust der deutschen Reichsangehörigkeit erloschen ist. Die Einbeziehung der Wehrpflichtverletzungen hätte deshalb die Liste der Reichsbevölkerungskriminalität, so wie wir sie feststellen wollen, in unzulässiger Weise belastet (siehe Reichskriminalstatistik für das Jahr 1909 S. II 1) und ist aus diesem Grunde bei uns unterblieben.

Wenden wir uns nun zu der Frage, wieviele Delinquenten der geschilderten Art zur Zeit in Deutschland leben. Die Feststellungsmethode, die hier ausfindig gemacht ist, entfaltet sich folgendermaßen: Die Reichskriminalstatistik hat vom ersten Jahrgange 1882 ab bis zum letzterschienenen Bande, dem Jahrgang 1909, stets eine Scheidung bei ihrer Zählung vorgenommen zwischen Erstdelinquenz und Mehrfachbestrafung. So zählt sie beispielsweise im Jahrgang 1882 = 233 496 Erstbestrafte und 82 353 Rückfallsdelinquenten, im Jahrgang 1883 = 228 712 Erstdelinquenten und 85 384 Rückfallsdelinquenten usw. auf. So geht die Scheidung Jahr für Jahr weiter durch sämtliche 28 Jahre hindurch. Für das Jahr 1910, wo die Reichskriminalstatistik noch nicht veröffentlicht ist, haben wir stets die gleichen Zahlen wie im Jahre 1909 in Ansatz gebracht; daß sie nicht hinter den Zahlen von 1909 zurückbleiben und deshalb als Minimum jedenfalls richtig sind, steht schon jetzt durch die amtliche Bekanntgabe fest.

Grundlegend ist nun folgende Operation: Wenn wir die Erstdelinquenzziffern von allen 29 Jahrgängen untereinander schreiben und addieren, so ergibt die Summe, wieviel verschiedene Individuen insgesamt in den Jahren 1882 bis 1910 bestraft sind. Die Wichtigkeit der Summe beruht darauf, daß alle Summanden verschiedene Individuen sind. Es kann ein und dasselbe Individuum nicht doppelt oder gar mehrfach in der Summe enthalten sein, da bei einer Doppelt- oder Mehrfachbestrafung nicht die Rubrik Erstdelinquenz, sondern die Rückfallsrubrik Platz gegriffen hätte. Es ergibt sich die Singularität also mit zwingender Notwendigkeit. Man betrachte nun die umstehende Tabelle A: „Die Erstbestraften in den Jahren 1882 bis 1910“, Spalte 1 Gesamtzahlen der Erstbestraften. **Die Summe aus den 28 Jahrgängen ergibt 7 541 284 Menschen (5 961 459 Männer und 1 579 825 Frauen.)** Diese erste Feststellung ist das Fundament unserer ganzen Enquete. Auf diesen Unterbau stellt sich nun folgerichtig **die Frage, wieviele Köpfe von dieser Gesamtmasse von rund 7½ Millionen Delinquenten Ende des Jahres 1910 sich noch in der deutschen Reichsbevölkerung befanden.** Wir nehmen als Termin den 1. Dezember 1910, wo Reichsvolkszählung stattgefunden hat und wir deshalb einen gesicherten Ankergrund haben für die mannigfaltigen Inbeziehungsetzungen, die wir später zahlenmäßig vornehmen werden. Wir haben nun Antwort auf die erhobene Frage, wenn wir beweisen:

I. wieviele Todesfälle unter den rund 7½ Millionen Menschen eingetreten sind und

II. wieviele Abwanderungen aus dem Reichsgebiet zu Wasser und zu Lande stattgefunden haben.

Wenn wir von unserer Grundziffer diese beiden Subtraktionen machen, haben wir das gewünschte Ergebnis. Die Methode: Erstdelinquenzaddition mit zwei Verlustabzügen ist von überzeugender Einfachheit. Es ist die Geschichte vom Kolumbusei. Am bedeutsamsten erscheint die erste Subtraktion: die Todesfälle. Die Zählung der Todesfälle ist nun auf folgende Art möglich. Die Reichskriminalstatistik hat den preisenswerten Gedanken gehabt, **die Zahl der jährlichen Erstbestraften** nicht nur in Bausch und Bogen zu geben, sondern sie auch **Jahrgang für Jahrgang nach Geschlecht und Alter zu individualisieren.** Sie unterscheidet überall zehn Altersgruppen: 12 bis 15 Jahre, 15 bis 18 Jahre, 18 bis 21 Jahre, 21 bis 25 Jahre, 25 bis 30 Jahre, 30 bis 40 Jahre, 40 bis 50 Jahre, 50 bis 60 Jahre, 60 bis 70 Jahre und 70 Jahre und mehr.*)

So ist die Anfertigung der Tabelle A möglich geworden, welche in den Spalten 4 bis 23 einen detaillierten Überblick über unseren ganzen Untersuchungszeitraum gibt und uns in die glückliche Lage versetzt, durch ein Schätzungsverfahren veranschlagungsweise feststellen zu können, wie groß Abzug I Todesfälle ist. **Die Reichssterbetafel dient zu diesem Behufe.** Das Kaiserlich Statistische Amt hat mit außerordentlicher Sorgfalt eine Reichssterbetafel auf-

*) Im Anfangsjahr der Statistik (1882) lautete die erste Altersgruppe: 12 bis 18 Jahre. Wir haben jedoch eine Teilung in die Altersklassen 12 bis 15 Jahre und 15 bis 18 Jahre nach Maßgabe der Verhältniszahlen der folgenden Jahre vorgenommen.

gestellt, aus der wir für jedes Altersjahr die mutmaßliche Länge der Lebensdauer ersehen können. Diese Absterbeordnung ist für die Jahre 1891 bis 1900 aufgestellt. Sie umfaßt also etwa das mittlere Jahrzehnt des Lebensalters, das für uns in Betracht kommt.

Um den Leser nicht durch überflüssiges Zahlengewimmel zu ermüden, drucke ich die ganze Absterbeordnung nicht ab. Wer nachschlagen will, findet sie detailliert in der Statistik des Deutschen Reichs Band 200 (erschienen 1910) S. 24* ff. Wir wollen jedoch, um eine befriedigende Anschauung zu geben, eine Abbreviatur der Sterblichkeitsverhältnisse des fraglichen Jahrzehnts in Form einer graphischen Darstellung vor Augen stellen; **das Bild 1 (Seite 16/17)** verkörpert die mittlere Lebenserwartung je für Träger beziehungsweise Trägerinnen des 12., 15., 18., 21., 25., 30., 40., 45., 50., 55., 60., 65., 70., 75., 80., 85., 90., 95. und 100. Altersjahres. Die mittlere Lebenserwartung ist im voraufgehenden Jahrzehnt 1881 bis 1890 etwas geringer gewesen (Statistik des Deutschen Reichs, Band 200 a. a. O.); dies veranschaulichen die blauen Zahlen des Bildes, wie im Beitext dort näher erläutert ist. Der Unterschied ist aber, wie ein Blick auf die Zahlen zeigt, verhältnismäßig so klein, daß er für das zahlenmäßige Gesamtergebnis unserer Wahrscheinlichkeitsrechnung nicht nennenswert ins Gewicht fällt. Außerdem findet er noch einen Ausgleich durch die günstigeren Sterblichkeitsverhältnisse des Jahrzehntes 1901—1910, die noch nicht statistisch veröffentlicht sind. Jedenfalls — das sei beruhigungshalber schon hier gesagt — fallen die Differenzen der mittleren Lebenserwartung in den verschiedenen Jahrzehnten (1881 bis 1910) für unsere Untersuchung schon aus dem entscheidenden Gesichtspunkte nicht ins Gewicht, weil wir einen Sterbeabzug von der doppelten Sterblichkeitsgröße der Reichssterbetafel machen werden, wie weiter unten noch erörtert wird.

Auf Grund der Reichssterbetafel ist nun Tabelle B modellgemäß aus Tabelle A nach erfolgter Ausrechnung hergestellt worden. **Tabelle B stellt, kurz ausgedrückt, den überlebenden Rest von Tabelle A dar, Jahrgang für Jahrgang nach Alter und Geschlecht überall getrennt.** Am Fuß von Tabelle B steht Spalte 1, die überlebende Gesamtsumme. Sie beträgt 6 256 695 Delinquenten. Die Gesamtsumme setzt sich gemäß Spalte 2 und 3 aus 4 956 502 Männern und 1 300 193 Weibern zusammen. Die Situation ist hiernach völlig klar. Aufschluß ist nur noch über die Frage zu geben, wie mit den einzelnen Altersklassen im Verhältnis zur Absterbeordnung verfahren ist. Die Kriminalstatistik gibt ja nur Altersklassen (12 bis 15 Jahre, 15 bis 18 Jahre usw.) an; die Absterbeordnung aber rechnet nicht nach Altersklassen, sondern nach Altersjahren. Wir sind nun so verfahren, daß wir bei sämtlichen Altersklassen, die

Tabe

Die Erstbestraften in

Die Feststellungen sind für die Jahre 1882 bis 1909 den einschlägigen 28 Bänden (Tabel

Für das Jahr 1910 wurden die Zahlenverhältnisse des Jahres 1909 angenom

Die wegen Verletzung der Wehrpflicht

Jahr der Verurteilung	Die unbedingten Gesamtzahlen der Erstbestraften			Geschlecht						
				12 bis unter 15 Jahre alt		15 bis unter 18 Jahre alt		18 bis unter 21 Jahre alt		21 bis unt 25 Jahre a
	über-haupt	davon männ-lich	davon weib-lich	männ-lich	weib-lich	männ-lich	weib-lich	männ-lich	weib-lich	männ-lich
	1	2	3	4	5	6	7	8	9	10
1882.	**233 496**	183 663	49 833	7 500	1 900	13 136	3 526	22 427	4 091	25 598
1883.	**228 712**	178 632	50 080	7 625	1 902	12 513	3 468	22 911	4 104	24 603
1884.	**237 390**	186 317	51 073	7 839	1 945	13 379	3 544	24 418	4 196	26 567
1885.	**231 244**	182 974	48 270	7 447	1 828	13 371	3 418	24 557	4 064	26 397
1886.	**234 444**	186 331	48 113	7 748	1 777	13 868	3 420	25 048	3 901	27 186
1887.	**233 473**	185 032	48 441	8 619	2 000	14 127	3 496	24 712	3 929	26 893
1888.	**226 448**	178 130	48 318	8 622	2 015	14 004	3 532	25 320	3 938	25 976
1889.	**234 404**	183 310	51 094	9 902	2 168	15 286	3 819	26 621	4 333	25 897
1890.	**237 239**	186 215	51 024	10 785	2 376	17 138	4 062	26 923	4 264	26 625
1891.	**240 290**	188 086	52 204	10 659	2 402	17 967	4 189	27 459	4 341	26 921
1892	**257 041**	200 820	56 221	11 793	2 566	19 586	4 550	30 373	4 760	28 210
1893.	**259 585**	204 067	55 518	10 183	2 224	19 351	4 411	31 931	4 845	29 104
1894.	**264 003**	208 373	55 630	10 738	2 026	19 869	4 449	32 909	5 060	29 438
1895.	**264 309**	208 062	56 247	9 858	2 046	19 762	4 456	33 170	5 169	29 680
1896.	**262 223**	208 247	53 976	10 098	1 897	19 722	4 242	34 278	5 000	31 264
1897.	**264 259**	208 927	55 332	10 356	2 306	19 716	4 502	35 817	5 211	32 600
1898.	**269 758**	213 635	56 123	11 526	2 232	20 871	4 407	35 627	5 130	34 177
1899.	**268 047**	214 290	53 757	11 345	2 184	20 786	4 278	36 306	4 892	35 543
1900.	**262 770**	210 928	51 842	12 283	2 345	20 765	4 253	35 184	4 653	34 829
1901.	**275 064**	219 527	55 537	11 902	2 335	21 806	4 536	36 395	4 907	35 713
1902.	**280 308**	222 780	57 528	12 703	2 436	22 276	4 670	36 244	5 059	35 231
1903.	**272 866**	216 214	56 652	12 802	2 327	21 831	4 656	34 359	5 022	33 917
1904.	**280 052**	222 006	58 046	12 492	2 367	21 969	4 759	35 610	5 018	34 234
1905.	**279 935**	222 714	57 221	13 071	2 327	22 661	4 635	36 424	5 028	33 544
1906.	**289 881**	230 753	59 128	14 299	2 489	24 491	4 902	38 067	5 393	34 040
1907.	**285 752**	227 260	58 492	13 468	2 363	23 927	4 784	37 943	5 387	34 011
1908.	**294 173**	232 590	61 583	13 414	2 517	24 369	5 113	39 409	5 628	35 178
1909.	**287 059**	225 788	61 271	11 390	2 181	22 590	4 738	37 579	5 606	35 365
1910.	**287 059**	225 788	61 271	11 390	2 181	22 590	4 738	37 579	5 606	35 365
Se. .	**7 541 284** *)	**5 961 459**	**1 579 825**	**311 857**	**63 662**	**553 727**	**123 553**	**925 600**	**138 535**	**894 106**

*) Darunter 173 129 Ausländer.

n 1882 bis 1910.

III „Persönliche Verhältnisse der Verurteilten") der Reichskriminalstatistik entnommen.
das Jahr 1910 die amtliche Statistik noch nicht erschienen ist.
en (§ 140 des St.G.B.) sind nicht mitgezählt.

r der Erstbestraften zur Zeit der Tat											
25 unter 30 hre alt		30 bis unter 40 Jahre alt		40 bis unter 50 Jahre alt		50 bis unter 60 Jahre alt		60 bis unter 70 Jahre alt		70 Jahre und darüber alt, sowie diejenigen Personen, deren Alter nicht zu ermitteln war	
n-	weib- lich	männ- lich	weib- lich	männ- lich	weib- lich	männ- lich	weib- lich	männ- lich	weib- lich	männ- lich	weib- lich
	13	14	15	16	17	18	19	20	21	22	23
90	5 894	40 283	12 259	25 765	9 427	12 833	4 526	5 205	1 645	3 026	1 390
01	5 951	39 099	12 522	25 003	9 659	12 559	4 597	5 042	1 634	2 376	1 096
83	6 133	39 563	12 486	25 581	9 870	12 965	4 708	5 246	1 698	2 276	1 195
19	5 894	37 991	11 563	25 080	9 343	12 384	4 590	4 919	1 599	2 009	997
58	6 109	38 118	11 489	24 868	9 281	12 590	4 477	5 122	1 742	1 825	821
02	6 045	36 935	11 471	24 433	9 377	12 545	4 514	4 981	1 737	1 785	743
04	6 316	35 822	11 261	22 213	9 149	11 404	4 474	4 547	1 608	1 618	708
54	6 658	36 273	12 267	22 581	9 362	11 742	4 770	4 628	1 609	1 626	744
80	6 609	36 030	11 985	22 313	9 498	11 298	4 662	4 371	1 627	1 652	767
07	6 846	36 201	12 226	22 252	9 459	11 499	4 822	4 381	1 682	1 440	751
79	7 273	38 508	13 467	23 231	10 210	12 245	5 077	4 392	1 739	1 603	673
53	7 155	38 871	13 298	24 129	10 266	12 598	5 281	4 560	1 752	1 587	646
32	7 365	40 327	13 415	23 894	9 983	12 696	5 133	4 563	1 739	1 607	704
19	7 321	40 757	13 604	24 033	10 042	12 538	5 199	4 493	1 746	1 552	644
47	6 858	40 085	13 396	22 983	9 508	12 317	5 043	4 445	1 677	1 508	612
07	6 801	39 062	13 550	22 752	9 492	11 718	5 019	4 383	1 716	1 316	552
69	7 173	39 502	13 870	22 550	9 714	11 783	5 105	4 195	1 739	1 335	607
93	6 861	38 656	13 165	22 333	9 394	11 226	4 725	4 269	1 607	1 333	558
47	6 555	38 022	12 663	21 213	8 889	10 995	4 620	4 033	1 489	1 157	476
40	7 353	39 911	13 329	22 370	9 664	11 477	4 985	4 353	1 732	1 160	481
36	7 803	40 459	13 988	23 035	9 857	11 844	5 125	4 398	1 798	1 054	504
74	7 714	39 612	13 822	22 231	9 868	11 311	4 892	4 263	1 899	1 114	432
64	7 781	41 159	14 302	23 169	10 313	11 584	5 242	4 436	1 779	1 089	423
04	7 829	41 694	14 144	22 983	10 189	10 953	4 912	4 213	1 744	967	402
66	7 701	43 397	14 686	23 584	10 504	11 044	5 062	4 162	1 781	1 003	375
87	7 628	43 129	14 572	23 535	10 394	10 743	4 985	4 063	1 761	954	396
19	8 067	44 693	15 309	23 564	10 926	11 048	5 073	3 989	1 840	1 007	444
96	7 927	44 425	15 692	23 153	10 954	10 938	5 133	3 991	1 817	961	423
96	7 927	44 425	15 692	23 153	10 954	10 938	5 133	3 991	1 817	961	423
26	**203 547**	**1 153 009**	**385 493**	**677 984**	**285 546**	**341 815**	**141 884**	**129 634**	**49 753**	**42 901**	**18 987**

Tabe

Feststellung: wie viele von den in Tabelle A aufgestellten Erstbestr

Hierbei ist die Reichssterbetafel zugrunde gelegt, wie sie in der Statistik des Deut

Die wegen Verletzung der Wehrpflicht

Jahr der Verurteilung	Die auf Grund der Reichssterbetafel errechneten Gesamtzahlen derjenigen Personen, welche von den in Tabelle A aufgestellten Erstbestraften den 1. Dezember 1910 mutmaßlich überlebt haben			Die auf Grund der Reichssterbetafel errechneten Einzelz mutmaßlich überlebt haben und								
	Gesamtzahl	davon		12 bis unter 15 Jahre alt		15 bis unter 18 Jahre alt		18 bis unter 21 Jahre alt		21 bis unt 25 Jahre a	
		männlich	weiblich	männlich	weiblich	männlich	weiblich	männlich	weiblich	männlich	w
	1	2	3	4	5	6	7	8	9	10	
1882	**134 601**	105 921	28 680	6 206	1 590	10 553	2 898	17 483	3 302	18 995	
1883	**136 753**	106 853	29 900	6 383	1 606	10 191	2 878	18 141	3 347	18 622	
1884	**146 904**	115 522	31 382	6 636	1 659	11 039	2 954	19 626	3 472	20 489	
1885	**148 054**	117 454	30 600	6 369	1 572	11 168	2 890	20 022	3 382	20 722	
1886	**154 643**	123 178	31 465	6 692	1 541	11 719	2 918	20 704	3 278	21 539	
1887	**158 698**	126 043	32 655	7 514	1 749	12 069	3 010	20 693	3 333	21 800	
1888	**159 101**	125 492	33 609	7 584	1 777	12 090	3 069	21 464	3 372	21 374	
1889	**169 052**	132 525	36 527	8 783	1 927	13 327	3 347	22 830	3 744	21 617	
1890	**175 856**	138 506	37 350	9 642	2 129	15 082	3 590	23 329	3 718	22 531	
1891	**182 339**	143 217	39 122	9 602	2 169	15 953	3 733	24 055	3 819	23 079	
1892	**199 548**	156 318	43 230	10 699	2 334	17 537	4 088	26 875	4 224	24 482	
1893	**205 046**	161 634	43 412	9 302	2 038	17 464	3 994	28 519	4 336	25 552	
1894	**212 769**	168 368	44 401	9 873	1 869	18 067	4 059	29 655	4 558	26 131	
1895	**216 844**	171 067	45 777	9 122	1 900	18 098	4 096	30 142	4 703	26 622	
1896	**219 339**	174 590	44 749	9 401	1 774	18 185	3 927	31 395	4 584	28 320	
1897	**225 311**	178 504	46 807	9 700	2 170	18 300	4 197	33 053	4 814	29 809	
1898	**233 800**	185 609	48 191	10 860	2 113	19 495	4 137	33 113	4 775	31 530	
1899	**236 034**	189 071	46 963	10 754	2 080	19 535	4 042	33 960	4 586	33 066	
1900	**235 881**	189 853	46 028	11 711	2 246	19 694	4 044	33 142	4 393	32 659	
1901	**249 124**	199 140	49 984	11 415	2 249	20 742	4 340	34 500	4 664	33 741	
1902	**257 158**	204 665	52 493	12 255	2 358	21 315	4 495	34 569	4 840	33 523	
1903	**253 421**	201 033	52 388	12 424	2 264	21 012	4 507	32 971	4 835	32 494	
1904	**263 188**	208 810	54 378	12 194	2 313	21 269	4 632	34 375	4 861	33 014	
1905	**266 324**	212 036	54 288	12 829	2 284	22 069	4 534	35 371	4 900	32 554	
1906	**278 958**	222 192	55 766	14 104	2 453	23 993	4 819	37 183	5 286	33 239	
1907	**277 722**	220 984	56 738	13 342	2 338	23 576	4 724	37 280	5 309	33 412	
1908	**288 780**	228 388	60 392	13 337	2 500	24 143	5 072	38 951	5 575	34 767	
1909	**284 388**	223 741	60 647	11 359	2 174	22 492	4 719	37 362	5 580	35 143	
1910	**287 059**	225 788	61 271	11 390	2 181	22 590	4 738	37 579	5 606	35 365	
Se. .	**6 256 695**	**4 956 502**	**1 300 193**	**291 482**	**59 357**	**512 767**	**114 451**	**848 342**	**127 196**	**806 191**	**15**

. Dezember 1910 (Volkszählungstag) mutmaßlich überlebt haben.

s, Bd. 200 Seite 24* bis 27* für das Jahrzehnt 1891 bis 1900 enthalten ist.

:en (§ 140 des St.G.B.) sind nicht mitgezählt.

ıigen Personen, welche von den in Tabelle A aufgestellten Erstbestraften den 1. Dezember 1910 Inbeziehungsetzung zu Geschlecht und Alter zur Zeit der Tat.											
25 ıs unter 30 ıhre alt		30 bis unter 40 Jahre alt		40 bis unter 50 Jahre alt		50 bis unter 60 Jahre alt		60 bis unter 70 Jahre alt		70 Jahre und darüber alt, sowie diejenigen Personen, deren Alter nicht zu ermitteln war	
n- ı	weib- lich	männ- lich	weib- lich	männ- lich	weib- lich	männ- lich	weib- lich	männ- lich	weib- lich	männ- lich	weib- lich
	13	14	15	16	17	18	19	20	21	22	23
351	4 429	23 344	8 077	8 783	3 810	1 185	510	21	11	.	.
135	4 555	23 585	8 531	9 327	4 248	1 435	632	34	17	.	.
740	4 774	24 769	8 770	10 367	4 688	1 801	778	55	26	.	.
450	4 661	24 621	8 351	10 968	4 761	2 057	898	77	35	.	1
767	4 902	25 509	8 512	11 664	5 041	2 465	1 024	118	53	1	1
256	4 917	25 469	8 715	12 222	5 399	2 856	1 190	162	72	2	2
592	5 205	25 405	8 725	11 792	5 555	2 983	1 344	204	89	4	3
115	5 553	26 415	9 694	12 663	5 968	3 488	1 616	280	118	7	6
724	5 575	26 900	9 646	13 166	6 331	3 771	1 764	349	153	12	9
330	5 837	27 667	10 016	13 760	6 567	4 271	2 020	483	201	17	13
021	6 264	30 083	11 198	15 004	7 355	5 016	2 332	572	259	29	17
144	6 223	31 006	11 221	16 222	7 647	5 647	2 639	735	318	43	24
020	6 468	32 808	11 476	16 673	7 666	6 183	2 771	894	379	64	35
286	6 491	33 709	11 789	17 359	7 930	6 590	2 970	1 052	451	87	44
038	6 137	33 822	11 750	17 142	7 702	6 943	3 113	1 227	506	117	56
059	6 142	33 509	12 020	17 485	7 870	7 044	3 284	1 407	597	138	67
153	6 537	34 420	12 435	17 824	8 228	7 483	3 523	1 547	690	184	94
848	6 309	34 190	11 923	18 126	8 116	7 566	3 423	1 788	719	238	110
101	6 080	34 961	11 582	17 652	7 804	7 774	3 500	1 898	744	261	117
251	6 879	36 303	12 310	19 054	8 649	8 530	3 933	2 280	958	324	144
574	7 361	37 282	13 041	20 056	8 961	9 193	4 195	2 541	1 090	357	181
131	7 335	36 952	13 008	19 763	9 103	9 139	4 141	2 695	1 253	452	184
825	7 457	38 843	13 584	21 009	9 646	9 714	4 567	3 047	1 268	520	211
029	7 560	39 783	13 556	21 234	9 653	9 507	4 408	3 123	1 333	537	231
730	7 492	41 841	14 201	22 178	10 073	9 899	4 660	3 385	1 451	640	245
818	7 453	41 995	14 211	22 502	10 081	9 922	4 697	3 445	1 521	692	292
474	7 960	43 928	15 061	22 884	10 710	10 495	4 883	3 589	1 676	820	366
179	7 876	44 053	15 566	22 823	10 847	10 669	5 040	3 791	1 738	870	386
396	7 927	44 425	15 692	23 153	10 954	10 938	5 133	3 991	1 817	961	423
537	**182 359**	**957 597**	**334 661**	**482 855**	**221 363**	**184 564**	**84 988**	**44 790**	**19 543**	**7 377**	**3 262**

keine reinen Mittelzahlen enthielten, also beispielsweise bei den Altersklassen 12 bis 15 Jahre, 15 bis 18 Jahre usw. eine Abrundung nach oben vornahmen, also auf das Jahr 14 bezw. 17 usw. Durch Ansetzung eines höheren Alters wurde der Sterblichkeitsabzug natürlich größer. **Wir befolgten dabei den Grundsatz, den wir hier zuerst aussprechen und den wir bei der ganzen Untersuchung fortgesetzt befolgen werden: den Grundsatz, alle Subtraktionen möglichst umfangreich zu gestalten.**

Unsere Enquete ist nämlich durch die Hochzifferigkeit des Schlußergebnisses, von dem der Leser vielleicht schon bei Betrachtung der Grundziffer von rund $7^1/_2$ Millionen Erstdelinquenten einen unbehaglichen Vorgeschmack auf der Zunge fühlte, so überraschend, daß wir stets größtnormierte Abzüge bewilligen, **um alle Anzweiflungen von vornherein tunlichst zu beseitigen.** Aus diesem Grunde wollen wir auch mit Skeptikern gerne in Unterhandlungen darüber treten, ob die Reichssterbetafel überhaupt für unsere Untersuchung maßgebend sein darf. Der Reichssterbetafel liegt der Reichsbevölkerungsdurchschnitt zu Grunde. Man könnte zur Debatte stellen, ob nicht die Sterblichkeit der Kriminalbevölkerung erheblich größer sei, als die Durchschnittssterblichkeit. Es soll nun von vornherein eingeräumt werden, daß für unsere Untersuchung eine größere Sterblichkeit in Betracht kommt. Aber dagegen muß hier sofort Einspruch erhoben werden, daß etwa mit der Sterblichkeit des sogenannten Gewohnheitsverbrechertums hier zu rechnen sei. Köbner hat in seiner bahnbrechenden Schrift über den Rückfall (Zeitschrift für die gesamte Strafrechtswissenschaft, Band 13 S. 627) eindringlich die lebensverkürzende Wirkung einer ganzen Reihe von Faktoren geschildert, unter deren Einfluß das Gewohnheitsverbrechertum steht. Man habe es, dahin lassen sich seine Worte zusammenfassen, im Gewohnheitsverbrechertum vielfach mit Leuten zu tun, die geistig und körperlich degeneriert seien und bei denen Trunk, Prostitution und Ausschweifungen eine große Rolle spielten, wozu noch die schädigenden Wirkungen der Gefangenschaft kämen, in der sie einen erheblichen Bruchteil ihres Lebens verbrächten. Man wisse, daß diese Individuen, auch wenn sie in Freiheit sind, völlig deklassiert und ohne jeden sozialen Halt physisch und psychisch unter den allerungünstigsten Verhältnissen lebten: Mit einem Worte: **„man müsse die Überzeugung gewinnen, in dieser Bevölkerungsschicht herrsche eine Sterblichkeit, wie wir sie uns kaum krafs genug vorstellen könnten“.** Ähnlich urteilt auch Professor Dr. Ferdinand Tönnies bezüglich des Gewohnheitsverbrechertums („Verbrechen als soziale Erscheinung“ Archiv für soziale Gesetzgebung und Statistik, Berlin 1895). Wenn wir nun noch zugeben wollen, daß für das Gewohnheitsverbrechertum diese Schilderung vielfach zutreffend sein mag, so handelt es sich jedenfalls bei unserer Untersuchung in überwältigendem Maße nur um solche Leute, die Nichtgewohnheitsverbrecher sind und die deshalb nicht einer so außerordentlichen Sterblichkeit unterliegen. Eine ungefähre Vorstellung über das Stärkeverhältnis des Gewohnheitsverbrechertums zum Gesamtdelinquententum gewinnt man, wenn man beispielsweise das letzte Jahr der Reichskriminalstatistik (1909) betrachtet. Die Gesamtdelinquentenmasse dieses Jahrgangs (einschl. der Wehrpflichtverletzung) beträgt 544 183 Verurteilte. Davon waren

nicht vorbestraft:	1mal bestraft:	2mal bestraft
294 446	81 508	46 350

3 bis 5mal bestraft:	6mal und mehr bestraft:
66 426	55 453

Es leuchtet ein, daß man an ein Gewohnheitsverbrechertum nur bei Betrachtung der beiden letzten Gruppen denken kann, nämlich bei den 3- bis 5mal und 6mal und mehr bestraften Menschen. Aber es ist leicht nachzuweisen, daß auch bei den 3- bis 5mal bestraften Menschen nur ein verschwindender Teil und bei den 6mal und mehr bestraften Menschen auch nur ein kleiner Ausschnitt unter den Begriff des Gewohnheitsverbrechertums im obigen Sinne fällt. Denn bei der entscheidenden Mehrheit der 3- bis 5mal bestraften Menschen handelt es sich nur um eine mehrfach zum Ausdruck gekommene Gelegenheitskriminalität (in dem Sinne auch sehr richtig „Zeitschrift des Königlich Sächsischen Statistischen Landesamts“ 1906, Heft 1 S. 184), bei denen die einzelnen Fälle oft durch Jahre getrennt sind und bei denen es sich zudem häufig um Bagatellsachen dreht. Kleine Unehrlichkeiten, besonders Diebereien in wiederkehrenden Zeiten der Arbeitslosigkeit (siehe Übersichtstafel 8 des kriminalstatistischen Atlasses: Einfluß der Jahreszeiten — Wintermonate! — auf die Begehung von Vermögensdelikten), Wirtshausschlägereien, Widerstandsleistungen, Hausfriedensbrüche, Drohungen im bloßen Affekt oder unter Einfluß des Alkohols begangen, lauter Verfehlungen sonst sozial tüchtiger Menschen, bei denen von gewohnheitsverbrecherischer Antisozialität nicht geredet werden kann. Aber auch bei den 6mal und mehr bestraften Gesetzesverletzern bietet sich uns in einer großen Anzahl von Fällen völlig dasselbe Bild. Auch bei diesen handelt es sich nicht um einen eingefleischten Hang zum Verbrechen im Sinne des Gewohnheitsverbrechertums. Jeder Strafpraktiker liest immer und immer wieder in den Akten Strafregisterauszüge, die typisch sind für eine bloße Aneinanderreihung von Bagatellkriminalität. Ich greife als Beispiel folgenden Auszug heraus:

Auszug aus dem Strafregister
der
Königlichen Staatsanwaltschaft zu Berlin.

Vorstrafen
des
Maurers P. P.

1. am 9. 9. 1889 wegen versuchter Körperverletzung mit 5 Tagen Gefängnis,
2. am 12. 1. 1893 wegen Hausfriedensbruch und Sachbeschädigung mit 3 Wochen Gefängnis,
3. am 13. 4. 1896 wegen versuchter Körperverletzung mit 1 Monat Gefängnis,
4. am 20. 12. 1897 wegen Diebstahls mit 14 Tagen Gefängnis,
5. am 12. 6. 1902 wegen einfacher Körperverletzung mit 5 ℳ event. 1 Tag Gefängnis,
6. am 10. 11. 1902 wegen Beleidigung mit 1 Woche Gefängnis,
7. am 2. 2. 1903 wegen Körperverletzung und Sachbeschädigung mit 15 ℳ event. 3 Tagen Gefängnis und 10 ℳ event. 2 Tagen Gefängnis.

Sehr lehrreich ist für unsere Frage auch ein Blick auf die Art und die Höhe der alljährlich von den deutschen Strafgerichten verhängten Strafen. In dem Jahre 1909 (siehe Übersichtstafel 7 des kriminalstatistischen Atlasses) sind von den 544 183 verhängten Strafen:

Geldstrafen:	Gefängnis:	Zuchthaus:	Haft:
264 773	256 360	7758	351

Verweis:	Festungshaft:	Todesstrafen:
14 808	101	32

Gefängnisstrafen von 2 Jahren und mehr sind im Jahre 1909 in ganz Deutschland nur in 2919 Fällen und Zuchthausstrafen von 5 Jahren und mehr sind — der Nichtstatistiker traut seinen Augen kaum! — nur in 782 Fällen verhängt worden. In ganz Deutschland! Ob auch die Stellungnahme der Judikatur zum Gewohnheitsverbrechertum in einzelnen Fällen sehr verschieden sein und deshalb ein und derselbe Tatbestand hier milde dort strenge geahndet werden mag, so geht doch aus der Gleichförmigkeit jener geringen Strafverhängungen überzeugend hervor, daß das eigentliche Gewohnheitsverbrechertum bei Gericht nur eine sehr untergeordnete Rolle spielen kann. Die Gerichte würden zweifellos bei mehrfach vorbestraften Übeltätern schärfere Repressalien zum Schutze der menschlichen Gesellschaft anwenden, wenn es sich bei ihnen systematisch um Akte verbrecherischer Gesinnung, also um echtes Gewohnheitsverbrechertum handelte.

Trotz all diesen Ausführungen wollen wir aber zugeben, daß ein großer Teil der Delinquentenmasse wegen der Minderwertigkeit ihrer sozialen Allgemeinlage gesundheitlich nachteiliger gestellt ist und deshalb kürzer leben mag, als der Durchschnittsmensch der Reichssterbetafel. Rechtsbrechertum und Massenarmut und Mortalität schließen erwiesenermaßen einen verhängnisvollen Kausalring; wobei die lebensbeeinträchtigende Wirkung der Freiheitsstrafen, wenn überhaupt, für die Jetztzeit nur nebensächlich in Betracht kommt. (Siehe überzeugend Dr. Friedrich Leppmann „Der Gefängnisarzt" S. 142 ff.). Es fragt sich nun, wie groß diese höhere Sterblichkeit anzunehmen sei. Oder um mit Köbner, der schließlich ja auch die allgemeine Absterbeordnung bei seiner Rückfallsforschung zu grunde legt, zu sprechen „wie groß das Plus der unbekannten Anzahl von Todesfällen ist, die zur Absterbeordnung der durchschnittlichen Bevölkerung hinzugefügt werden muß". Gemäß unserer Maxime, möglichst freigebig zu sein, wollen wir uns sogar zu dem großen Zugeständnis bereit finden lassen, **für die ganze Delinquentenmasse unterschiedslos eine doppelt so große Sterblichkeit zu grunde zu legen, wie bei der straffrei gebliebenen Bevölkerungsmasse** aus dem Zeitraum 1882 bis 1910. Mithin wollen wir statt 1 284 589 Sterbefälle, wie sie die Reichssterbetafel (siehe Unterschied der Schlußsummen von Tabelle A und B) dargetanermaßen ergibt, 2 569 178 Sterbefälle in Abzug bringen. Es würde hiernach bei unserer Untersuchung jeder Delinquent durchschnittlich nur halb so lange leben, wie ein Durchschnittsmensch. Dies geht offenbar weit über den Rahmen dessen hinaus, was die Reichskriminalstatistik, zuletzt Jahrgang 1906 (S. I 13), leider ohne näheres Eingehen auf unsere Frage sehr maßvoll über unseren Unsicherheitskoeffizienten sagt: „Zu berücksichtigen ist, daß die durchschnittliche Lebensdauer kriminell Belasteter geringer ist, als die nicht Belasteter." Wir machen, wie gesagt, aus dem „Geringer" für unsere Arbeit „um die Hälfte der Lebenszeit geringer".

Es ergibt sich also folgende Rechnung:

Die Grundziffer der vorhandenen Delinquenten betrug	7 541 284	Männer = 5 961 459 Weiber = 1 579 825
Hiervon:		
Abzug I: (Die doppelte Sterblichkeit) mit	— 2 569 178	Männer = 2 009 914 Weiber = 559 264
Mithin **Restsumme**	4 972 106	Männer = 3 951 545 Weiber = 1 020 561

Die zweite Frage ist, wie hoch sich Abzug II beläuft, nämlich wieviele Delinquenten mutmaßlich bis Ende 1910 abgewandert und damit aus der kriminellen Reichsbevölkerung ausgeschieden sind. Eine arithmetische Gewißheit haben wir selbstverständlich hier ebensowenig, wie bei den Sterbefällen. Für den Freskostil, in dem wir arbeiten, ist dies auch nicht nötig und genügt es uns, wenn wir gutfundierte Annäherungszahlen gewinnen. Das Kaiserlich Statistiche Amt, dieser vorzügliche Registrierapparat von wahrhaft enzyklopädischem Charakter, hat für alle Fluktuationen der Reichsbevölkerung über die fünf Erdteile hin von je ein sorgfältiges Merk gehabt. Laut amtlicher Zählung (siehe die Deutschen im Auslande usw., Ergänzung zum Vierteljahrsheft I zur Statistik des Deutschen Reichs, Jahrgang 1905) wurde für rund 3480000 im gesamten Auslande befindliche Personen die deutsche Staatsangehörigkeit nachgewiesen. Diese Zählung geschah um die Jahrhundertwende. Neuere Zählungen liegen nicht vor. Wir erhöhen diese Ziffer schätzungsweise für das Jahr 1910 auf rund 5 Millionen. Zu niedrig gegriffen dürfte diese Schätzung nicht sein, wenn man den statistisch festgestellten Umstand berücksichtigt, daß die überseeische Abwanderung, die für die gesamte Abwanderung so bedeutsam ist, gegen die Vorjahrzehnte im letzten Jahrzehnt außerordentlich abgenommen hat. Während sie nämlich im Vorjahrzehnt 1881—1890 1342423 Personen betragen hat und im Vorjahrzehnt 1891—1900 noch 529875 Personen betrug, hat sie im letzten Jahrzehnt — also nach Stattfindung der oben erwähnten Zählung — nur noch insgesamt 279645 Personen betragen (siehe „Die überseeische Auswanderung in den Jahren 1871—1910", Vierteljahrsheft I zur Statistik des Deutschen Reichs, Jahrg. 1911). Die vorgenommene Gesamterhöhung auf 5 Millionen für das Jahr 1910 genügt also vollauf. Diese 5 Millionen stellen natürlich nur den lebenden Effekt der Auswanderung dar. Aber wir haben es auch nur mit dem lebenden Effekt zu tun. Die gestorbene Abwanderung geht uns nichts mehr an. Die Sterbefrage ist durch Abzug I schon völlig erledigt, wo von der ganzen Delinquentenmasse und damit auch von den später abgewanderten Delinquenten die Sterbequote subtrahiert ist. Es fragt sich nun, welche Bewandtnis es mit diesen 5 Millionen Reichsangehöriger im Auslande vom Standpunkt unserer Untersuchung hat. Zunächst müssen von den 5 Millionen alle diejenigen Reichsangehörigen in Abzug gebracht werden, welche **fremdgebürtige** Reichsangehörige sind, das heißt, von deutschen Eltern im Auslande während der Jahre 1882—1910 geboren sind und deshalb für uns nicht unter dem Begriff Abwanderung in Frage kommen. Trotzdem diese Zahl erheblich sein wird, wollen wir sie nicht berücksichtigen, weil sie statistisch nicht festgestellt ist. Zweitens

Die mittlere Lebenserwartung

Jahrzehn

(Siehe Statistik des Deut

Die über den Säulen stehenden schwarzen Zahlen geben an, wie viele Jahre dur

Die **unter** den Säulen stehende

Die über den Säulen stehenden blauen Zahlen geben die m

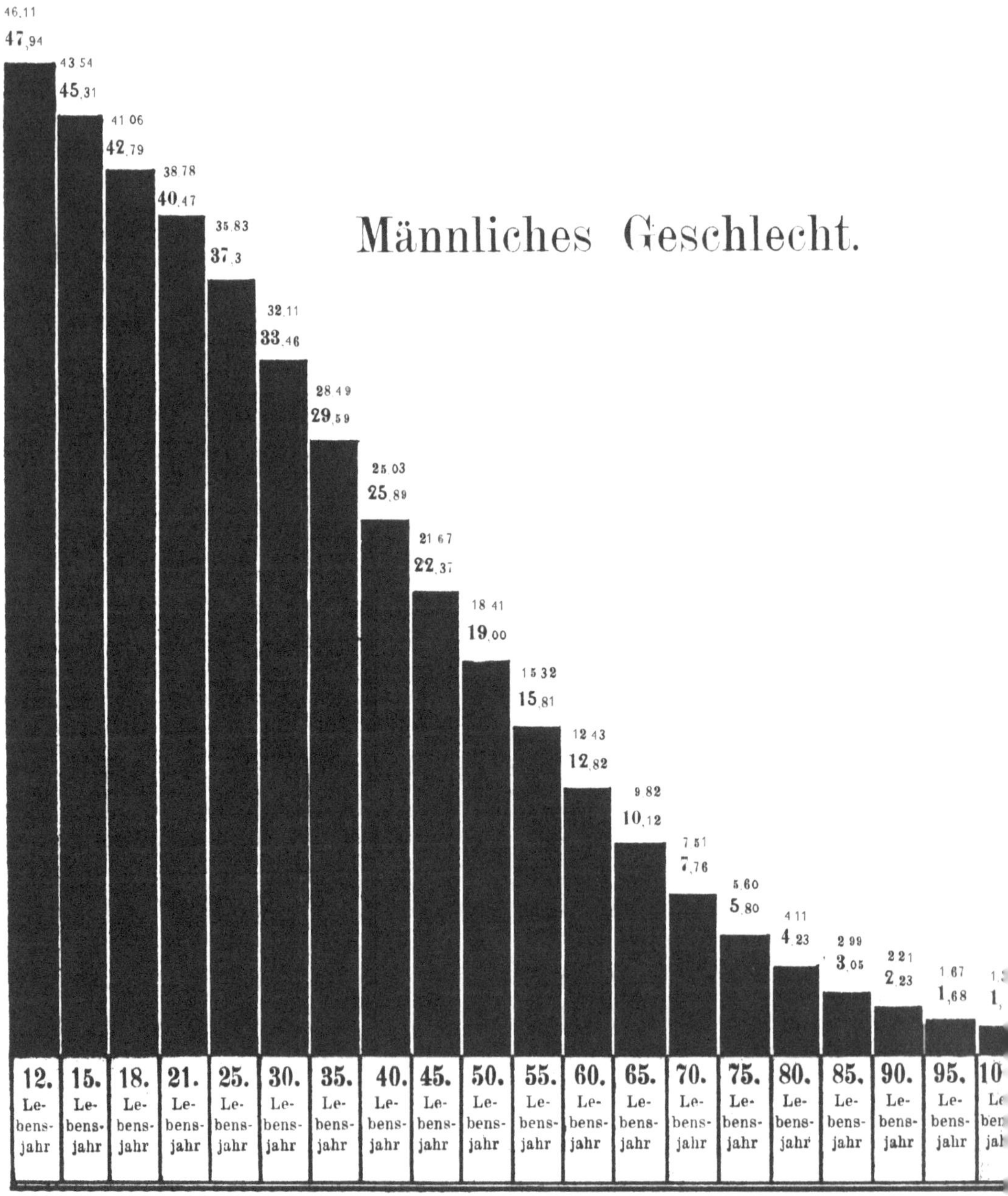

I.

eutschland nach Altersjahren.

bis 1900.

s, Band 200 Seite 24* ff.)

ch von jedem Träger des in Frage stehenden Altersjahres noch durchlebt werden.
geben die **Altersjahre** selbst an.
enserwartung für das voraufgehende Jahrzehnt 1881—1890 an.

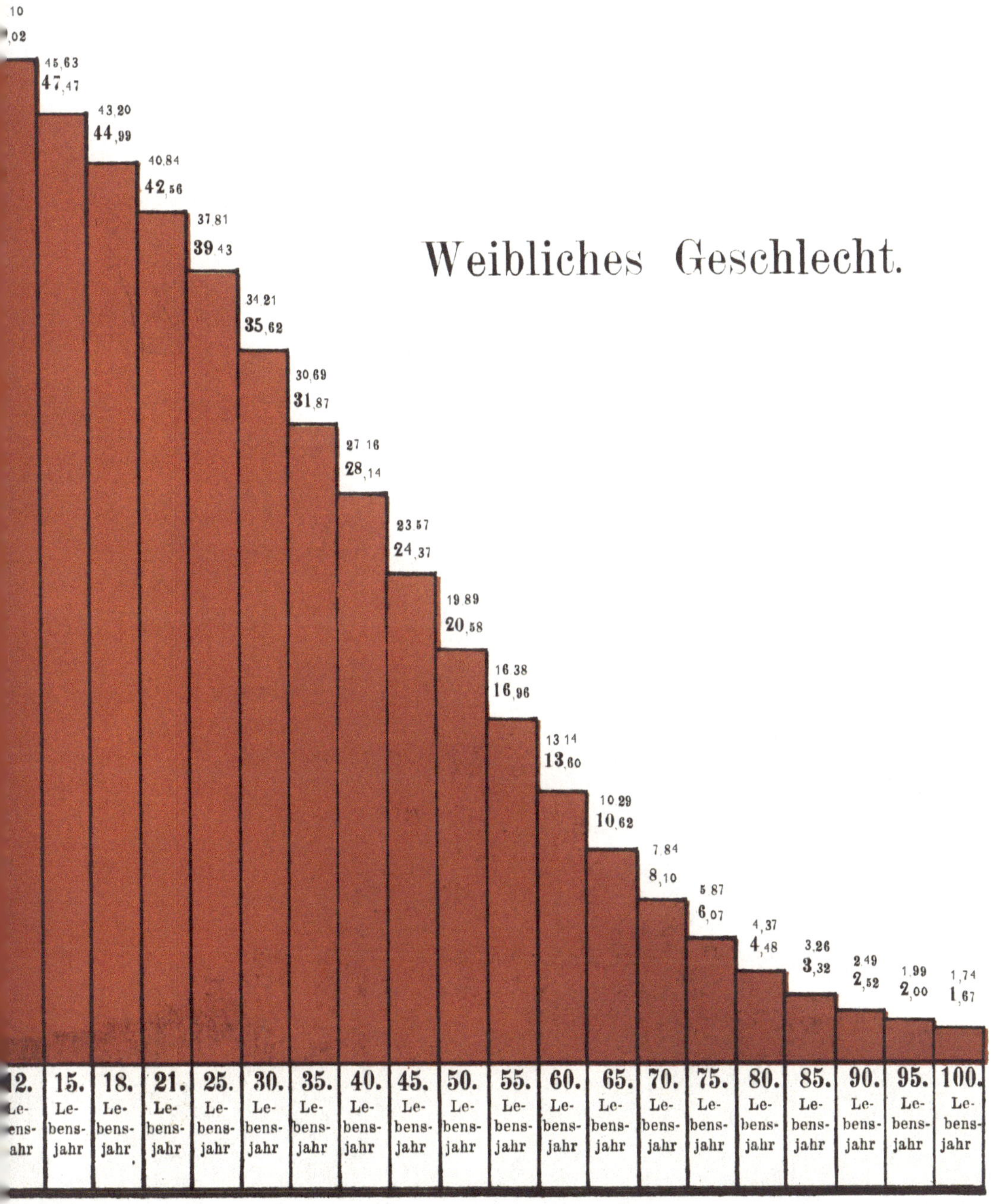

müßten von diesen 5 Millionen auch diejenigen reichsgebürtigen Reichsangehörigen abgezogen werden, welche **vor** dem Jahre 1882, wo unser krimineller Untersuchungszeitraum ja erst beginnt, aus Deutschland abgewandert sind. Auch diese zweite Zahl ist nicht ermittelt und soll deshalb außer Betracht bleiben. Durch den Wegfall dieser beiden Abstriche, die eigentlich hätten erfolgen müssen, dürfte die fehlende Zuschlagsquote wett gemacht werden, die den 5 Millionen noch beigefügt werden müßte, nämlich die zahlreichen Auswanderer aus Deutschland während des Zeitraums 1882—1910, welche im Auslande, insbesondere Nordamerika, durch **Naturalisation** sich ihrer Reichsangehörigkeit entkleidet haben und deshalb bei der amtlichen Zählung um die Jahrhundertwende nicht mitgezählt worden sind und darum auch nicht in unserer Fünfmillionensumme erschienen sind. Man weiß nicht, wie groß diese Ziffer ist. Um diesem Unsicherheitskoeffizienten trotz der erwähnten Wettmachung nochmals in vorsichtiger Weise Rechnung zu tragen, wollen wir annehmen, daß unter der ganzen Fünfmillionensumme Reichsangehöriger im Auslande jeder sechste strafmündige Mann und jedes zwanzigste strafmündige Weib als bestraft für uns zu subtrahieren ist. Diese Quote erscheint — mögen immerhin strafrechtlich deklassierte Leute unter den Auswanderern zahlreich sein — deshalb überaus hoch gegriffen, weil der Hauptabfluß der Abwanderung, wie bereits geschildert, besonders in das erste und alsdann auch in das zweite Jahrzehnt unseres Beobachtungszeitraums fällt, also in eine Zeit, wo in Deutschland eine solche Strafanhäufung noch garnicht stattgefunden haben kann, daß die Auswanderermasse bis auf den sechsten männlichen und zwanzigsten weiblichen Kopf — von Beginn der Strafmündigkeit, also vom 12-jährigen Kinde an gezählt und dazu noch ohne Miteinrechnung der Wehrpflichtverletzungen — kriminell belastet sein konnte. Denn man vergegenwärtige sich mit aller Schärfe: die ganze Vorkriminalität vor 1882, dem Anfangsjahre der Reichskriminalstatistik, kommt ja für unsere Untersuchung überall völlig in Wegfall; so sehr sogar, daß wir auch aus dem Anfangsjahre 1882 nur die Erstdelinquenz gezählt haben, obgleich ja für dieses Jahr die Rückfallsdelinquenten (82 353) mit Fug für unsere Arbeit hätten mitgezählt werden dürfen: denn die Rückfallsdelinquenten des Jahres 1882 sind genau ebenso wie die Erstdelinquenten des Jahres 1882 solche Delinquenten, die nirgendwo in den späteren Jahrgängen der Reichskriminalstatistik unter Erstdelinquenz wieder erscheinen und deshalb für unsere Additionsoperation (Tabelle A) hätten mit in Rechnung gestellt werden dürfen.

Ich glaube, es springt somit beim ersten Blick in die Augen, daß wir auch hier unserer Richtschnur treu geblieben sind und

nicht in den Verdacht geraten können, dafs unsere Untersuchung etwa den Tendenzcharakter habe, bezüglich der kriminellen Bevölkerung in Deutschland ein möglichstes Kolossalergebnis zu erzielen — ein sogenanntes Medusenhaupt der Statistik, um ein Gleichnis von Öttingen's zu variieren.

Um nun festzustellen, wie diese 5 Millionen sich aus strafunmündigen und strafmündigen Personen zusammensetzen, ist zu berücksichtigen, daß sich laut Statistik für die überseeische Auswanderung in den Jahren 1882 bis 1910 — eine Überlandauswanderungstatistik gibt es nicht in Ermangelung von Konzentrationspunkten, wie es die großen Seehäfen sind — das Prozentverhältnis der Strafunmündigkeit bei den Auswanderern geringer zu sein pflegt, als bei der Inlandbevölkerung, welche etwa 30 % Kinder hat. Wir wollen deshalb für Auswanderungskinder nur einen Betrag von 15 % in Anschlag bringen. Mithin ergibt die Rechnung:

Reichsangehörige überhaupt . . .	5 000 000
davon ab 15 % Kinder	750 000
bleiben Strafmündige	4 250 000

und zwar:

Männer 53 % = rund 2 253 000
Weiber 47 % = rund 1 997 000

Der Geschlechtsbeteiligungsprozentsatz ist zufolge Beobachtung, die man insbesondere bei der Amerikaauswanderung gemacht hat, hierbei zu grunde gelegt. Die Division zwecks Feststellung der männlichen und weiblichen Bestraftenziffer ergibt:

2 253 000 **Männer** : 6 = 375 500 **oder rund** 380 000 **bestrafte Männer,**
1 997 000 **Weiber** : 20 = 99 850 „ „ 100 000 „ **Weiber.**

Nach Abzug I (Sterblichkeit) blieb für die Delinquenten als Restsumme	4 972 106	**Männer** =	3 951 545
		Weiber =	1 020 561
Hiervon:			
Abzug II (Die Abwanderung) mit	480 000	**Männer** =	380 000
		Weiber =	100 000
Mithin Fazit	4 492 106	**Männer** =	3 571 545
		Weiber =	920 561

Unser Problem scheint hiermit gelöst und nur eine Inbeziehungsetzung des gefundenen Fazits zur Reichsbevölkerungszahl noch zu erübrigen. Es ist dem aber nicht so. Es muß zunächst noch ein

Hemmnis beseitigt werden. Dies Hemmnis hat mit der Richtigkeit unserer Methode: Erstdelinquenzaddition mit zwei Verlustabzügen an und für sich nichts zu tun. Es stellt sich vielmehr als eine bloße Zufallserscheinung dar. **Wir sind nämlich bei unserer ganzen Untersuchung von der selbstverständlichen Voraussetzung ausgegangen, daſs es mit den Zahlen der Reichskriminalstatistik überall seine volle Richtigkeit habe. Die Erstdelinquenzziffern, die Jahr für Jahr in den Jahrgängen der Reichskriminalstatistik verzeichnet sind, haben wir als einen ehernen Fels betrachtet, worauf wir blindlings fuſsten. Sind wir wirklich zu diesem Vertrauen in dem Maſse, wie geschehen, befugt? Es ist dies eine heikle Frage, deren Tragweite über diese einzelne Monographie hinaus von grundsätzlicher Bedeutung für alle kriminalstatistische Forschungen verwandter Art ist. Um so mehr Recht und Pflicht ist es für uns, alle Fehlerquellen aufzudecken, die wir entweder als wahrscheinlich argwöhnen oder als bestimmt vorhanden nachzuweisen vermögen.** Fehlerquellen pflegen bei statistischen Publikationen meist im Urmaterial selbst zu stecken und nur selten in der Verarbeitung des Urmaterials, da die statistischen Bureaus technisch vorzüglich geschult zu sein pflegen. So ist es auch zweifellos, daß das Kaiserlich Statistische Amt das Urmaterial über Erstdelinquenz und Mehrfachbestrafung mit mustergültiger Exaktheit verarbeitet hat. Aber alle Akkuratesse nützt einem Architekten nichts, wenn die Steine nicht so sind, wie sie sein sollen. Wie verhält es sich nun mit dem Urmaterial? Die Stoffgewinnung erfolgt mittels des sogenannten Zettelsystems. Auf Grund der Bundesratsverordnung vom 5. Dezember 1881 (als Beilage A mit Zählkarte im Anhang abgedruckt) werden Einzelzählkarten für jede rechtskräftig abgeurteilte Person bei den Gerichten erster Instanz ausgefüllt und dem Kaiserlich Statistischen Amt in Berlin eingesandt. Diese Zählkarten enthalten alle Angaben, die die Reichskriminalstatistik zu ihrer alljährlichen Veröffentlichung braucht. Die Angaben der Zählkarten sind also das alleinige Fundament. Alles steht und fällt mit ihrer Richtigkeit. Die Zählkarten enthalten zehn Nummern. Für unsere Untersuchung interessiert uns lediglich die Frage nach den Vorstrafen, nämlich Frage Nr. 10. Denn das Kaiserlich Statistische Amt weiß lediglich aus der Antwort auf Frage Nr. 10, ob der in der Zählkarte behandelte Delinquent vorverurteilt ist oder ob er noch unbescholten ist. Haben wir nun die einwandfreie Bürgschaft, daß von den zuständigen Sekretariaten die Frage Nr. 10 in allen Fällen stets richtig ausgefüllt ist? Wir bezweifeln es aus folgendem Grunde. Die Zählkarte stellt eine

Frage, ohne daß, sei es im Text der Zählkarte, sei es in der Bundesratsverordnung selbst, eine allgemein bindende Anweisung erlassen ist, wie von den Sekretariaten zu verfahren ist, um eine zuverlässige Antwort zu beschaffen. So liegt völlige Dunkelheit über den einzuschlagenden Weg. Für die Fesstellung der Antwort gibt es nur ein zuverlässiges Mittel, das kristallklar bis auf eine später noch zu analysierende Trübung ist, nämlich Einforderung eines Strafregisterauszuges von der Strafregisterbehörde. Seit dem 1. Oktober 1882 ist in der ausgesprochenen Absicht, eine einwandfreie Strafauskunftsquelle zu schaffen, das Institut der Strafregister in ganz Deutschland (Bundesratsverordnung vom 16. Juni 1882, als Beilage B im Anhang abgedruckt) eingeführt worden. Die Strafregisterbehörde ist auf Grund der fortgesetzt an sie gemeldeten Strafurteile jederzeit in der Lage, durch Nachschlagung zu ermitteln, ob und bejahendenfalls wie oft seit dem 1. Oktober 1882 jemand wegen Verbrechen oder Vergehen und wegen bestimmter Übertretungen in Deutschland verurteilt worden ist. Der diensttuende Bureaubeamte, der die Zählkarte auszufüllen hat, wird nun in den Strafkammersachen, Schwurgerichtssachen und Reichsgerichtssachen regelmäßig einen Strafregisterauszug bei den Akten vorfinden und Frage Nr. 10 wird deshalb richtig beantwortet werden. Die Strafkammer-, Schwurgerichts- und Reichsgerichtssachen bilden aber nur einen kleinen Bruchteil der gesamten Strafsachen. Nach der deutschen Justizstatistik für das Jahr 1909 (siehe Vierteljahrsheft IV zur Statistik des Deutschen Reichs, Jahrg. 1910 S. 16) sind bei den Strafkammern in erster Instanz 80 893 Anklagesachen (Verbrechen und Vergehen) behandelt worden. Bei den Schwurgerichten 4564 Anklagesachen (Verbrechen), bei den Schöffengerichten dagegen 424 292 Sachen (Vergehen) anhängig geworden. Man sieht also, daß etwa Fünfsechstel der ganzen Zählkartenmasse aus Amtsgerichts- bezw. Schöffengerichtsakten stammen. Nun ist die Frage, in wieviel Fällen bei diesen Amtsgerichts- bezw. Schöffengerichtssachen ein Strafregisterauszug nicht eingefordert sein wird. Tatsache ist, daß eine gesetzliche Bestimmung, die Vorstrafen durch Strafregisterauszug in den Gerichtsakten festzustellen, im Deutschen Reich nicht besteht. Ein Überblick über etwaige Verwaltungsverordnungen diesbezüglicher Art in den Bundesstaaten ist nicht erhältlich; in Preußen ist durch Erlaß vom Jahre 1894 den Gerichten ausdrücklich gestattet, im Interesse der Beschleunigung der Strafrechtspflege von Feststellung der Vorstrafen nötigenfalls abzusehen (Just.Min.Bl. 1894 S. 340). Es ist deshalb der Argwohn rege, daß bei Bagatellprozessen, die grade wegen ihrer großen Zahl für die Statistik sehr ins Gewicht fallen, Strafregisterauszüge häufig nicht eingefordert werden. Man denke beispielsweise an die manigfaltigen Gewerbeverordnungsdelikte, die Verstöße gegen das Sonntagsruhegesetz usw. In den massenhaften Privatklageakten wird man wohl überhaupt einen Strafregisterauszug nur in der Minderzahl der Fälle finden. Nach welchem System nun die Sekretariate in all den Fällen verfahren sind, wo bei Ausfüllung ihrer Zählkarte ein Strafregisterauszug bei den Akten nicht vorhanden war, ist zweifelhaft. Insbesondere läßt uns die Reichskriminalstatistik darüber ohne Aufschluß. In Betracht werden häufig schriftliche Polizeiauskünfte kommen, deren Zuverlässigkeit an den Strafregisterauszug natürlich nicht heranreicht. In der Hauptsache werden es wohl sehr oft die zu den Akten gebrachten Angaben des Angeklagten selbst sein, der an der Verschleierung von Vorstrafen natürlich ein großes Interesse hat. In den Privatklagesachen wird sich in der Regel nicht einmal ein solcher Fingerzeig über die Vorstrafen bei den Akten befinden, da eine derartige Frage in der Verhandlung nur ausnahmsweise an den Angeklagten gestellt sein wird. Ähnlich wird es sich, darauf sei besonders aufmerksam gemacht, bei all den Vergehensfällen verhalten, welche — die Zahl ist leider reichskriminalstatistisch nicht festgestellt — auf Grund eines amtsrichterlichen Strafbefehls abgeurteilt worden sind und wo es mangels Einspruchs zu Verhandlung und Verhör des Angeklagten ja überhaupt nicht gekommen ist. Nach alledem liegt ein erheblicher Verdacht vor, daß jahraus jahrein zahlreiche Delinquenten trotz Vorverurteilung unter Nr. 10 der Zählkarte fälschlich als Erstdelinquenten gebucht sind und dadurch die Erstdelinquentenziffer in sämtlichen Jahrgängen der Reichskriminalstatistik zu hoch erscheint. Jedenfalls wird man uns mindestens zugestehen müssen, daß wir berechtigt sind, die Angelegenheit wegen ihrer Zweifelhaftigkeit als in Schwebe befindlich zu betrachten und zu behaupten, daß wir erst dann anfangen, Licht zu bekommen, falls das Kaiserlich Statistische Amt probeweise anordnet, daß während eines in sonst üblicher Weise abzuwickelnden Probejahres **jede Zählkarte, die auf Grund eines Registerauszuges ausgefüllt ist und deshalb statistisch zuverlässig ist, mit einem Merkmale versehen wird, etwa in der Ecke rechts oben mit einem R (Registerauszug).** Durch Auszählung läßt sich dann leicht feststellen, wie groß der Unsicherheitskoeffizient ist. Ich fürchte, er wird erheblich sein und deshalb der Glaube an die Richtigkeit der von der Reichskriminalstatistik überall angegebenen Zahl der Vorstrafen überhaupt, als auch insbesondere der uns hier allein interessierenden Erstdelinquenzziffer erschüttert werden. Selbst wenn diese R-Probe günstig ausfallen sollte, so bliebe immer noch zu bedenken, ob damit nicht lediglich ein Jetztzeitbeweis erbracht sei, also ein Ergebnis, das für die Reichskriminalstatistik sicherlich auch in dieser eingeschränkten Form hochwichtig und deshalb durchaus feststellenswert ist, jedoch unseren Skrupel für die breiten Grundlagen unserer Untersuchung bestehen läßt, nämlich für die Jahrzehnte der Vergangenheit, als die Reichskriminalstatistik sich erst schwerfällig einbürgerte und weniger genau zählte. Daß das Kaiserlich Statistische Amt Nr. 10 der Zählkarte schon öfter mißtrauisch betrachtet hat, läßt sich übrigens zur Verteidigung unseres Standpunktes aus dem Text verschiedener Bände der Reichskriminalstatistik deutlich nachweisen. Nachdem im Jahrgang 1887 allgemein gesagt ist, daß von den eingegangenen Zählkarten 16 215 zur nochmaligen Prüfung bezw. Berichtigung an die betreffenden Stellen hätten zurückgesandt werden müssen, heißt es im Jahrgang 1888 (Bd. 45 II 12)

> „daß im Jahre 1888 von 431 079 Zählkarten 15 200 an die bebetreffenden Gerichtsbehörden zurückgesandt werden mußten. Bei der Prüfung des gegenwärtig in der Zusammenstellungs-(Auszählungs-)Arbeit befindlichen Materials für 1889 mußten von 455 809 Zählkarten 20 963 zurückgesendet werden und zwar zum großen Teil gerade wegen Mängel bei Ziffer 10 der Karte". Im Jahrgang 1890 (Bd. 68 II S. 25) heißt es: „Schließlich hat zur Ermittelung einer größeren Anzahl von Vorbestraften die verschärfte Nachprüfung durch das Kaiserlich Statistische Amt beigetragen . . . . Waren nun in den Zählkarten der einzelnen Gerichte gar keine oder nur auffallend wenige Verurteilte mit Vorstrafen nachgewiesen, so wurden diese Karten zurückgeleitet und sehr häufig, manchmal bis zur Hälfte, durch Nachtragung der Vorstrafen ergänzt." Weiter: Im Jahrgang 1891 (Bd. 64 S. II 1) heißt es: „Wiederum von den 486 280 das Berichtsjahr 1891 betreffenden Zählkarten sind 18 627 zur Aufklärung oder Berichtigung der Angaben an die ausfüllenden Stellen zurückgeleitet."

In den letzten anderthalb Dezennien der Reichskriminalstatistik ist leider nichts mehr über eine Richtigkeitskontrolle der Zählkarten mitgeteilt. Die Ansicht (Jahrgang 1888, Bd. 45 II 12), „daß von den stattgefundenen Bemühungen gehofft werden dürfe, daß sie von der gewünschten Wirkung auf die Güte des Materials seien", möchten wir dahin gestellt sein lassen. Eine Besserung wird ja wohl eingetreten sein, aber alle diese Rückfragen haben meines Erachtens die Wurzel des Übels nicht ausgerottet; es wuchert deshalb bis zur Stunde, wenn auch im verringerten Umfange, weiter. Alle Mahnungen an die Behörden, welche zur Ausstellung von Zählkarten verpflichtet sind, werden nie mit der nötigen Durchschlagskraft wirken, wenn nicht eine zwingende Direktive gegeben wird, welches Feststellungsverfahren zur Beantwortung der Frage 10 gleichmäßig einzuschlagen ist. Bei dieser Gelegenheit wäre auch die hierher gehörige Frage zu erörtern, ob die Zuverlässigkeit der Zählkarten nicht dadurch zu steigern wäre, daß die Erhebung anstatt wie jetzt durch Unterbeamte „Gerichtsschreiberei oder Sekretariat“ in Zukunft vom Richter ausgehe, der ein besseres Verständnis für Wesen und Wichtigkeit statistischer Probleme hat. Landgerichtsdirektor Aschrott hat schon im Jahre 1885 in seiner noch heute vollwichtigen Abhandlung: „Erhebung und Verwertung statistischer Daten auf dem Gebiete der Strafrechtspflege mit besonderer Rücksicht auf Deutschland“ (Zeitschrift für die gesamte Strafrechtswissenschaft, Bd. I 1888) diese Frage zur Debatte gestellt, indem er mit Recht auf die Schwierigkeit der Aufgabe hinweist, die Zählkarte richtig auszufüllen. Unter skeptischer Stellungnahme zum ganzen Urmaterial bezeichnet er sogar die Erhebung durch untergeordnete Organe als einen „Generalfehler“ des herrschenden Systems. Im Jahrgang 1895 der Reichskriminalstatistik (Bd. 89 S. II 2) — von anderen Jahrgängen zu geschweigen — finden wir beispielsweise das für die jetzige Erhebungsart sicherlich nicht uncharakteristische Streiflicht, daß 1054 eingesandte Zählkarten als überhaupt nicht in den Rahmen der Statistik fallend ausgeschieden werden mußten.

Wir hätten also eine erste Fehlerquelle als wahrscheinlich gekennzeichnet. **Eine zweite Fehlerquelle ist bestimmt nachweisbar. Sie entspringt aus einem Gebrechen des Strafregisters selbst.** Wir sagten vorhin schon, daß zur Fesstellung der Vorstrafen das Strafregister zwar der zuverlässigste Weg sei, daß aber dabei eine Einschränkung zu machen wäre. Es ist ein weit verbreiteter Irrtum, daß das Strafregister ebenso wie alle Verbrechen, so auch alle Vergehen gegen das Reichsstrafgesetzbuch enthalte. Denn in der Bundesratsverordnung vom 16. Juni 1882, betreffend die Einrichtung der Strafregister, ist verfügt, daß sämtliche Beleidigungen und sämtliche vorsätzliche leichte und fahrlässige leichte Körperverletzungen (§§ 185—187, 189, 194, 223, 230 Abs. 1, 232 St.G.B.) von den Staatsanwaltschaften dem Strafregister nicht zu melden sind, falls sie **im Privatklagewege** abgeurteilt werden. Ein Auszug aus der Reichskriminalstatistik ergibt nun folgende Liste. Es sind im **Erstbestrafungsfalle** wegen Beleidigung, einfacher Körperverletzung und fahrlässiger Körperverletzung insgesamt folgende Verurteilungen in den Jahren 1882—1910 ergangen:

Zahl der wegen Beleidigung, leichter vorsätzlicher und fahrlässiger Körperverletzung verurteilten Erstdelinquenten.

Jahr der Verurteilung	Beleidigung (St.G.B. §§ 185 bis 187, 189)	Leichte Körperverletzung (St.G.B. § 223)	Einfache fahrlässige Körperverletzung (St.G.B. § 230 Abs. 1)
1882	33 282	13 448	Statistik 1882 bis 1896 für § 230 Abs. 1 nicht gesondert geführt.
1883	33 546	13 700	
1884	35 518	14 860	
1885	33 905	14 328	
1886	34 956	14 653	
1887	35 844	14 432	
1888	34 815	13 484	
1889	34 592	14 127	
1890	35 176	14 907	
1891	34 205	14 888	
1892	35 325	15 339	
1893	37 981	16 164	
1894	39 132	16 456	
1895	38 785	16 925	
1896	38 929	16 644	
1897	38 387	16 084	1 691
1898	39 911	15 926	1 778
1899	39 012	15 699	1 837
1900	36 703	15 419	1 896
1901	38 480	15 783	1 863
1902	39 848	15 540	1 867
1903	39 191	14 763	1 911
1904	41 248	14 905	1 988
1905	40 309	15 485	2 182
1906	41 269	15 864	2 336
1907	41 215	15 228	2 211
1908	40 515	14 721	2 086
1909	40 594	13 953	1 921
1910	40 594	13 953	1 921
	1 093 267	**437 678**	**27 488**

Summe: **1 558 433**

Es sind also rund 1½ Millionen **Erstverurteilte.** Es läßt sich nun leider, wie bereits oft, aber erfolglos, von der Wissenschaft beklagt worden ist, aus der Reichskriminalstatistik die wichtige Frage nicht feststellen, wie hoch die Ziffer der alljährlichen Privatklageverurteilten ist und wie fernerhin sich diese Ziffer verteilt auf die Privatklageverurteilten **ohne** und **mit** Vorstrafen. Aus diesem Grunde wissen wir auch nicht, wieviele Privatklageverurteilungen in der obigen Totalsumme stecken. Es ist aber zweifellos, daß die Zahl sehr beträchtlich ist. Wir stützen diese Behauptung folgendermaßen: Die Reichskriminalstatistik hat im Jahre 1885 (I 5) — später ist es nicht mehr geschehen — durch Zählung ermittelt, daß in diesem Jahre 86 561 anhängige Privatklagen **beendet** wurden. Es ist dabei allerdings nicht gesagt, wieviele durch Freisprechung oder Einstellung des Verfahrens oder Verurteilung beendigt wurden. Mag man nun die Zahl der durch Freisprechung und insbesondere Einstellung des Verfahrens beendeten Privatklagesachen auch sehr hoch taxieren, so wird man doch annehmen dürfen, daß unter den 86 561 Beendigungen etwa 35 000 Beendigungen durch Verurteilungen waren. Da, wie die Reichskriminalstatistik ergibt, bei Beleidigungen und leichten Körperverletzungen die Erstdelinquenz etwa 70% zu betragen pflegt, so würden also auf diese 35 000 Beendigungen durch Verurteilungen etwa 24 500 Erstdelinquenten kommen. Weil nun ferner in dem gleichen Jahre 1885 nach Ausweis der Reichskriminalstatistik insgesamt, also privatklageweise und nichtprivatklageweise, rund 49 000 Erstverurteilungen bei den hier in Frage kommenden Delikten stattgefunden haben, so repräsentieren also die auf 24 500 geschätzten Privatklageerstverurteilungen etwa die Hälfte der vorstehenden 49 000 Verurteilungen. Dies Zahlenverhältnis auf die obigen 1½ Millionen angewandt, ergibt ¾ Million. **Diese ¾ Millionen Verurteilungen sind nun von den Staatsanwaltschaften dem Strafregister nicht gemeldet worden.** Es ist nun folgende Situation entstanden:

A. Wenn einer dieser ¾ Million unvorbestrafter Privatverurteilten zum zweitenmale im Privatklageweg verurteilt wird, ohne inzwischen eine registerbelastende Strafe erhalten zu haben, so wird er im Strafregisterauszug (Negativattest) und demgemäß auch in der auf Grund dieses Strafregisterauszugs ausgefüllten Nr. 10 der Zählkarte als **noch nicht vorbestraft gelten und als Erstdelinquent in den Spalten der Reichskriminalstatistik erscheinen.** Es läßt sich die Möglichkeit denken, daß ein Affektmensch im Laufe der Jahre sogar ein halbes Dutzend mal und öfter hintereinander wegen Beleidigung und Körperverletzung im Privatklagewege verurteilt worden ist und trotzdem bei jeder neuen Privatklageverurteilung stets als Erstdelinquent in den betreffenden Jahrgängen gebucht ist.

B. Mit größerer Schwere noch wiegt aber dies: **Es werden nicht nur diese vorstehend gekennzeichneten Privatklageverurteilten fälschlich als Erstdelinquenten erscheinen, sondern auch sämtliche Offizialklageverurteilten, die nach früher erfolgter Privatklageverurteilung oder erfolgten Privatklageverurteilungen nun zum erstenmale** wegen irgend eines Delikts, sei es Diebstahl oder Fälschung oder Meineid oder was sonst immer, **unter öffentliche Anklage gestellt und verurteilt werden.** Denn auch in allen diesen Fällen wird ein eingeforderter Strafregisterauszug negativ lauten müssen und deshalb **die allerdringendste Gefahr für eine fehlerhafte Ausfüllung von Nr. 10 der Zählkarte** entstehen. Man sieht ohne weiteres ein, daß dieser Zustand vom Standpunkt einer exakten Erstdelinquenzforschung unerträglich ist. Es liegt eine Fehlerquelle vor, deren Größe sich nach Lage des statistischen Materials nicht messen läßt, jedenfalls ist aber als sicher anzunehmen, daß angesichts der $^3/_4$ Million erstbestrafter Privatklageverurteilter, die sich im Laufe der Reichskriminalstatistik angesammelt haben und ausnahmslos dem Strafregister nicht gemeldet worden sind, sich **ein enormer Unsicherheitskoeffizient insgeheim gebildet hat und das wahre Erstdelinquenzbild,** wie insbesondere wir es in Tabelle A und B aufzustellen versucht haben, dadurch in der allerbedenklichsten Weise **fortgesetzt gefälscht wird.** Dieser Unsicherheitskoeffizient ist in der Literatur bisher nicht aus seiner Verborgenheit herausgeholt worden und wird jedenfalls in seiner grundsätzlichen Wichtigkeit für die Erstdelinquenzforschung hier zum erstenmale entlarvt. Insbesondere hat die Reichskriminalstatistik in ihrem sonst so subtil ausgearbeiteten Text auf seine Tragweite nicht entscheidend hingewiesen. Nur ein Mal, es sind schon 20 Jahre her, hat sie im Jahrgang 1890 (Bd. 58 S. II 25) ihn ohne ausreichendes Bewußtsein, jedenfalls aber ohne erschöpfende Klarstellung der Konsequenzen gestreift. Es scheint uns ein unabwendbares Postulat der Wissenschaft zu sein, daß Abhilfe geschieht. Nicht sowohl durch einen nachträglichen Hinweis der Reichskriminalstatistik auf diese tückische Klippe, die durch den **Dualismus zwischen Registerdelikten und Nichtregisterdelikten** für die Reichskriminalstatistik entstanden ist und immer wieder entsteht, als vielmehr durch eine **Abschaffung dieses Dualismus** durch Bundesratsverordnung. Hermann Seuffert sagt (von Stengel „Wörterbuch des Deutschen Verwaltungsrechts" S. 565 ff.) in seinem eingehenden Artikel über Strafregister, die Nichtregisterdelikte seien schonungshalber statuiert worden. Aber man fragt befremdet, warum Beleidigungen und Körperverletzungen nicht gebucht werden sollen, dagegen jede Drohung, jeder Hausfriedensbruch, jede Sachbeschädigung, sei sie auch noch so geringfügig. Es muß sogar jeder Verstoß gegen die Sonntagsruhe, im Jahre 1909 beinahe 10000 Fälle, der Strafregisterbehörde gemeldet werden. Der Dualismus, von jeher anfechtbar, ist für unsere heutige Rechtsempfindung jedenfalls veraltet. Er entspricht der Gerechtigkeit nicht. Er ist ein Nachteil für die Judikatur, da die Vorstrafen eines Angeklagten, der früher seine Mitmenschen beschimpft oder geprügelt hat, dem Gericht nicht bekannt werden und deshalb bei der Strafzumessung nicht berücksichtigt werden können. Er schädigt die Wissenschaft, welche ein Interesse an einem einheitlichen Aufbau der sonst so planvoll angelegten Reichskriminalstatistik hat. Denn es braucht nicht weiter ausgeführt zu werden, daß **infolge der dualistischen Strafregisterlücke nicht nur unser Erstdelinquenzgebiet, sondern auch das ganze Gebiet der Mehrfachbestrafung mit Fehlern überschwemmt werden mufs.** Denn neben die oben abgedruckte Liste, die rund $1^1/_2$ Millionen Beleidiger und Körperverletzer **ohne** Vorstrafen aufwies und von denen nach unserer Schätzung $^3/_4$ Millionen Nichtregisterdelinquenten waren, tritt als notwendiges Supplement die Liste der Beleidiger und Körperverletzer **mit** Vorstrafen. Diese Liste, die man sich aus der Reichskriminalstatistik konform unserer obigen Erstdelinquenzliste zusammenstellen kann, ergibt die Totalsumme von 666 547 Rückfallsdelinquenten. In dieser Ziffer stecken natürlich wiederum Privatklageverurteilungen und zwar sicherlich Hunderttausende. **Diese Hunderttausende sind dem Strafregister ebenfalls sämtlich nicht gemeldet worden und müssen deshalb später bei erneuten Wiederverurteilungen unablässig das Mehrstrafenbild trüben.**

Für unsere Monographie entsteht nun die Frage, wie stark wir die geschilderten Fehlerquellen bewerten wollen. **Wir glauben nicht zu niedrig greifen zu dürfen und Abzug III (Fehlerquellen) auf 10% der überlebenden Gesamtmasse veranschlagen zu sollen** und ziehen deshalb von der Schlußsumme die erhebliche Ziffer von 449 000 Erstdelinquenten ab. So groß würde also der zur Zeit noch vorhandene und deshalb von uns zu berücksichtigende Rest der Pseudoerstdelinquenz sein, welcher durch die Irrigbuchungen bei Nr. 10 der Zählkarte entstanden ist. Diese hohe Normierung entspricht zunächst unseren kritischen Deduktionen, wonach die Fehler in der Tat reichlich fließen müssen, alsdann aber auch wieder unserer alten Taktik.

So ergibt sich:

Nach Abzug I und II betrug die Restsumme	4 492 106	**Männer** =	3 571 545
		Weiber =	920 561

Hiervon:

Abzug III: (Die Fehlerquellen) mit 10% der vorstehenden Restsumme . .	**— 449 211**	**Männer =**	**357 155**
		Weiber =	**92 056**
Mithin Fazit	**4 042 895**	**Männer =**	**3214 390**
		Weiber =	**828 505**

Nur um etwaige Reklamationen zu vermeiden, sei nach Erledigung der großen Subtraktionen zusammenfassend gesagt, daß **minutiöse Berechnungen** dem Wesen dieser ganzen Monographie zufolge **überall gründsätzlich in Wegfall kommen.** So insbesondere folgende kleine Trübungen der Erstdelinquenzziffer, wie: Erstdelinquenzerschleichungen infolge falscher Namensführung, um Rückfallstrafen zu vermeiden. Ferner Freisprechungen unschuldig Verurteilter im Wiederaufnahmeverfahren, die, soweit es sich um Erstdelinquenten handelt, eigentlich in Abzug gebracht werden müßten. Im Jahre 1909 waren es zufolge Deutscher Justizstatistik, S. 213 ff., höchstens einige Hundert Freisprechungen.*) Weiterhin Mörder, sofern sie hingerichtet worden sind und deshalb aus dem Bestande der kriminellen Bevölkerung ausgeschieden sind. An den großen Blockzahlen ändert natürlich solche Akribie nichts. Ebenso wäre es, insbesondere in Anbetracht unserer doppelten Sterbequote, kleinlich, den Umstand aufzumutzen, daß das Schlußjahr des vollgerechneten Untersuchungszeitraums 1881—1910 nur ein Elfmonatsjahr ist, da die Fixierung ja auf den 1. Dezember 1910, den Reichsvolkszählungstag, geschehen mußte. Aus demselben Grunde bleibt es auch ohne Gewicht, daß die Tatzeit und die erst Monate später liegende Gerichtsurteilszeit in Tabelle A und B fiktiv gleichgesetzt werden mußten. Selbst das sonst den Statistikern so unbequeme Gebilde der Doppelzählung innerhalb eines Jahres, die übrigens nach Feststellung der Reichskriminalstatistik (1909, Bd. 237 I) nur 3% beträgt, kommt für unsere Untersuchung nicht in Betracht, da den Strafregisterbehörden laut § 17 der Bundesratsverordnung vom 17. Juni 1882 Strafnachricht bereits 14 Tage nach Rechtskraft des Urteils zugehen muß. Durch diese Kurzfristigkeit werden Doppelzählungen von Erstdelinquenten so gut wie ganz vermieden. Es ist schließlich auch klar, daß die geringe Zahl von Auslandsbestrafungen, welche die Reichskriminalstatistik — von 1882—1909 insgesamt noch nicht 600 Konsulargerichtsurteile — mitenthält, als fremder Tropfen in unserm Eimer nicht weiter stört. Dabei ist es übrigens sehr möglich, daß ein Teil dieser im Ausland verurteilten Deutschen nach Deutschland zurückgekehrt ist und deshalb tatsächlich zum Inlandbestande mitzählt.

*) Der einschlägige Teil der Deutschen Justizstatistik, S. 213 ff. ist nicht klar genug.

So können wir nun endlich das Schuldkonto abschließen und den Saldo ziehen. Da wir nur feststellen wollen, wie groß die Durchsetzung der deutschen Reichsbevölkerung mit Bestraften ist, müssen wir noch als Abzug IV die während unseres ganzen Untersuchungszeitraums verurteilten Ausländer abrechnen, deren Gesamtziffer in der Fußnote von Tabelle A mit 173 129 Delinquenten namhaft gemacht ist. Da die Statistik nicht jedes Jahr die Ausländer getrennt nach Geschlechtern angibt, so legen wir die Durchschnittszahl der Jahre 1899, 1901 und 1906 zu grunde, wo diesbezügliche Trennung erfolgt ist. Hiernach scheiden sich die 173 129 Ausländer in 154 259 Männer und 18 870 Weiber. Wir ziehen sie insgesamt ab. Wir machen darauf aufmerksam, daß dieser Abzug wiederum übergroß ist, weil sämtliche Ausländer ohne Berücksichtigung ihrer Sterbefälle von der Gesamtdelinquentenziffer subtrahiert sind und damit die Belastung des restierenden Deutschlands kleiner, also vorteilhafter erscheint.

Nach alledem ergibt sich folgende

Gesamtbilanz.

	Überhaupt	und zwar	
		männlich	weiblich
Die Gesamtzahl der in den Jahren 1882 bis 1910 verurteilten Erstdelinquenten (siehe Tabelle A) beträgt	7 541 284	5 961 459	1 579 825
Davon sind in Abzug zu bringen:			
1. Abzug I. Die Sterblichkeit mit	2 569 178	2 009 914	559 264
2. Abzug II. Die Abwanderung mit	480 000	380 000	100 000
3. Abzug III. Die Fehlerquellen mit	449 211	357 155	92 056
4. Abzug IV. Die Ausländer mit . . . . , .	173 129	154 259	18 870
Also zusammen	3 671 518	2 901 328	770 190

Mithin:

	Überhaupt	und zwar männlich	und zwar weiblich
Gesamtzahl der verurteilten Delinquenten	7 541 284	5 961 459	1 579 825
Summe der Abzüge I bis IV mit	— 3 671 518	— 2 901 328	— 770 190
Bleibt Rest .	3 869 766	3 060 131	809 635
Nach unten auf 1000 abgerundet	3 869 000	3 060 000	809 000
Darunter:			
Erwachsene	3 761 000	2 970 000	791 000
Jugendliche*)	108 000	90 000	18 000

Diese Ergebnisziffern müssen wir nun sowohl insgesamt als auch nach den 4 Kategorien: **Männlich, Weiblich, Jugendlich** und **Erwachsen** zur strafmündigen Reichsbevölkerung in Beziehung setzen, um eine Serie überzeugender Proportionsbilder formen zu können. Damit rechtfertigt sich auch, warum wir den 1. Dezember 1910 als Untersuchungsstichtag gewählt. An diesem Tage ist Reichsvolkszählung gewesen.

Das amtlich festgestellte Ergebnis der Volkszählung vom 1. Dezember 1910 war:

32 040 166 männliche Personen und
32 885 827 weibliche Personen

zusammen 64 925 993 Personen.

(Siehe Vierteljahrsheft IV zur Statistik des Deutschen Reichs, Jahrgang 1911 S. 147).

Da die näheren Details dieser Volkszählung bisher noch nicht vorliegen, haben wir die Scheidung nach Strafmündig (12 Jahr und darüber alt) und Strafunmündig (unter 12 Jahre alt), Jugendlich (12 bis unter 18 Jahre alt) und Erwachsen (18 Jahre und dar-

*) Die Zahl der Jugendlichen ist aus den Nachweisungen der letzten sechs Jahre herausgeschält. Die voraufgehende Zeit kommt nicht in Betracht, da das jugendliche Alter nur 6 Jahre (12. bis 18. Jahr) umfaßt. Bei der Berechnung selbst wurde durchschnittsweise verfahren. Diese notgedrungene Ungenauigkeit ist jedoch bei der Geringheit der Ziffern ohne Bedeutung.

über alt), sowohl bei dem männlichen als auch bei dem weiblichen Geschlecht unter Zugrundelegung der bei der Reichsvolkszählung für das Jahr 1905 festgestellten Verhältniszahlen vorgenommen. Etwaige Differenzen sind für das Gesamtergebnis der Arbeit belanglos.

Nach Übertragung der Verhältniszahlen von 1905 auf 1910 ergibt sich:

Altersklasse	Überhaupt	davon	
		männlich	weiblich
Unter 12 Jahre alt . . .	18 562 000	9 324 000	9 238 000
12 bis unter 18 Jahre alt .	7 750 000	3 888 000	3 862 000
18 Jahre und darüber alt .	38 614 000	18 828 000	19 786 000
Zusammen . .	64 926 000	32 040 000	32 886 000

Hiervon sind nun noch die bei der Reichsvolkszählung mitgezählten Ausländer abzuziehen. Das diesbezügliche amtliche Ergebnis liegt für das Jahr 1910 noch nicht vor. Wir haben daher nur die Zahl von 1905 in Abzug gebracht. Für das Jahr 1910 wird die Zahl der in Deutschland lebenden Ausländer mutmaßlich erheblich größer sein. Da wir aber keinen anderen Anhalt haben, ließen wir es bei der Ziffer von 1905 bewenden. Dadurch wird allerdings bei unserer Untersuchung die Ausländerbevölkerung zu klein und die Inländerbevölkerung zu groß angesetzt. Infolge dieses Plus wird aber nur — was wir in üblicher Weise gutheißen — das Resultat unserer Arbeit für das einheimische Deutschland harmloser, da die Kriminalitätsziffer durch Verteilung über eine größere Kopfziffer sich verdünnt.

Im Jahre 1905 waren von den amtlich festgestellten Ausländern

599 320 männlichen Geschlechts,
429 240 weiblichen Geschlechts.

Es ist statistisch weder für das weibliche als auch für das männliche Geschlecht festgestellt, ein wie großer Prozentsatz dieser Personen unter 12 Jahre, 12 bis unter 18 Jahre und über 18 Jahre alt war.

Es besteht jedoch eine derartige Statistik für die Ausländer des Jahres 1900. Die Übertragung dieser Verhältniszahlen — etwaige Differenzen sind für das Gesamtergebnis der Arbeit auch hier so gut wie belanglos — auf das Jahr 1905 und somit für unser Jahr 1910 ergibt folgendes Bild:

Altersklasse	Überhaupt	davon männlich	davon weiblich
Unter 12 Jahre alt etwa 10 %	103 000	60 000	43 000
12 bis unter 18 Jahre alt etwa 8 %	82 000	48 000	34 000
18 Jahre und darüber alt etwa 82 %	844 000	492 000	352 000
Zusammen	1 029 000	600 000	429 000

Nach erfolgter Subtraktion ergibt sich nun für die strafmündige Bevölkerung Deutschlands, mit Ausnahme der Ausländer, für den 1. Dezember 1910 folgendes Schlußtableau:

Altersklasse	Überhaupt	davon männlich	davon weiblich
Jugendliche (12 bis unter 18 Jahre alt)	7 668 000	3 840 000	3 828 000
Erwachsene (18 Jahre und darüber alt)	37 770 000	18 336 000	19 434 000
Zusammen	45 438 000	22 176 000	23 262 000

Setzen wir nun zu dieser strafmündigen Reichsbevölkerung und ihren vier Kategorien Männlich, Weiblich, Jugendlich, Erwachsen die von uns festgestellten Delinquenten in Beziehung, sowohl in ihrer Gesamtheit als auch in den vier Kategorien, so ergibt das fünffache Divisionsexempel, daß

Insgesamt:

Von 45 438 000 Personen 3 869 000 oder jede 11,7te Person bestraft ist.

Nach den vier Kategorien, daß:

von 3 828 000 weiblichen Jugendlichen 18 000 oder jedes 212,7te Mädchen,

von 3 840 000 männlichen Jugendlichen 90 000 oder jeder 42,7te Knabe,

von 19 434 000 weiblichen Erwachsenen 791 000 oder jedes 24,6te Weib,

Bild II.

Wie viele **Millionen** der Deutschen Reichsbevölkerung sind wegen Verbrechen und Vergehen gegen Reichsgesetze bestraft?

Festgestellt für den 1. Dezember 1910 (Volkszählungstag).

[gelbes Feld] = **Bestrafte Personen** [schwarzes Feld] = **Unbestrafte Personen**

Die Zahlenwerte sind durch die Flächeninhalte ausgedrückt.

Die ortsanwesende Bevölkerung betrug am 1. Dezember 1910:	64,926	Millionen.
Hiervon sind die Ausländer abzuziehen (siehe Erläuterung im Text) mit	1,029	„
Mithin bleiben für die Deutsche Reichsbevölkerung	63,897	Millionen.

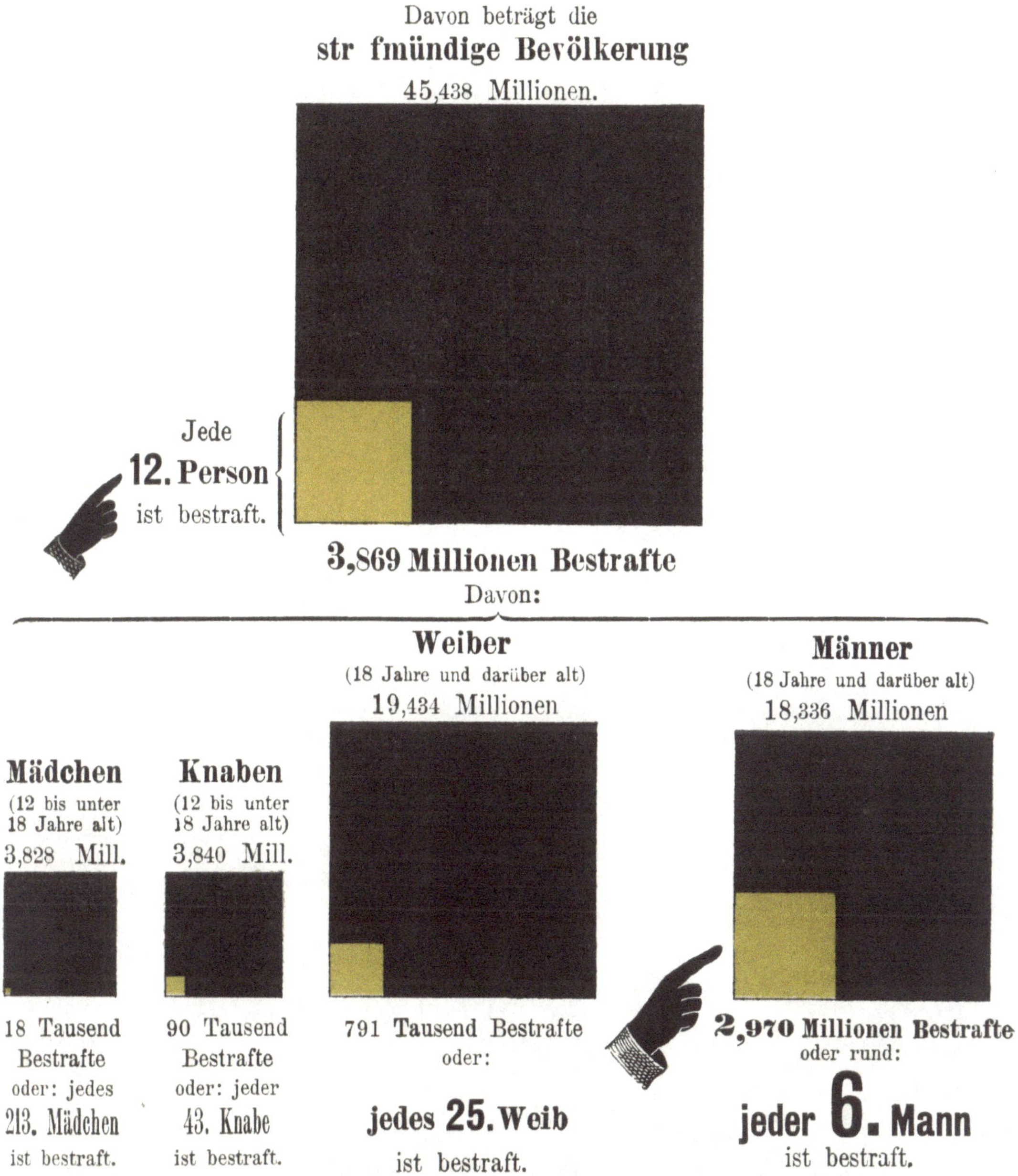

von 18 336 000 männlichen Erwachsenen 2 970 000 oder jeder 6,2te Mann bestraft ist;

oder nach Abrundung der Dezimalstellen:

in Deutschland ist wegen Verbrechen oder Vergehen gegen Reichsgesetze

jede 12. Person bestraft

und zwar

jedes 213. Mädchen,
jeder 43. Knabe,
jedes 25. Weib,
jeder 6. Mann.

Man betrachte vorstehendes Bild II. Das fünffache Divisionsexempel, das wir zahlenmäßig ausgerechnet haben, ist hier in fünf schwarzgelben Quadraten dargestellt. **Es ist die wichtigste Illustration, da sie den Inhalt unserer ganzen Forschung in Extraktform gibt.**

Man wird sich ungläubig von dem Anblick abwenden wollen. Ein statistischer Bluff! Das ist der erste Eindruck. Dem einen oder anderen fällt vielleicht das englische Wort ein: Es gibt dreierlei Arten von Lügen, gewöhnliche Lügen, Notlügen und Statistik. Aber man besinne sich und überlege in Ruhe. Zwei granitene Tatsachen stehen jedenfalls selbst für den widerwilligsten Zweifler fest. **Zunächst die Tatsache, daſs eine ungeheure Produktion an Illegalitäten im Laufe eines einzigen Jahres in Deutschland stattfindet.** So wurden im Jahre 1909 544 183 Delinquenten und Delinquentinnen (siehe Übersichtstafel 1 des kriminalstatistischen Atlasses) bestraft. Daher kommt es auch, daß beispielsweise für dasselbe Jahr 1909 als Reichsdurchschnitt sich ergibt, daß rund jeder 50. Mann in Deutschland wegen Verbrechen und Vergehen bestraft worden ist. Wohlverstanden: Lediglich während der Zwölfmonatsspanne! Bei diesem Destillat ist, wie ich ausdrücklich bemerke, der bekannte Doppelzählungsfehler (3%) rechnerisch ausgeschaltet. Nun zum zweiten Argument. **Es ist nicht weniger ausgemachte Sache, daſs die durchschnittlichen Sterblichkeitsverhältnisse in Deutschland auſserordentlich günstig sind.** Die Säuglingssterblichkeit, die ja noch immer groß ist, spielt für uns keine Rolle, da nur das strafmündige Alter in Betracht kommt. Ein 12jähriger Delinquent hat noch über 47 Jahre, ein 18jähriger Delinquent noch über 42 Jahre, ein 30jähriger Delinquent noch über 33 Jahre, ein 40jähriger Delinquent noch über 25 Jahre zu leben, wie ein Blick auf das anfangs erwähnte Bild I zeigt. Selbst wenn man die Hyperbel von der doppelten Sterblichkeit der Delinquenten für richtig hält, muß man einräumen, daß die durchschnittliche Lebensdauer unserer Delinquenten immer noch sehr erheblich bleibt, zumal da sie sich in ihrer Hauptmasse aus den jüngeren Jahresklassen (siehe Übersichtstafel 5 des statistischen Atlasses) zusammensetzen. **Wie muſs nun infolge dieser beiden Umstände, nämlich riesige Delinquenz und kleine Sterbeziffer, schon bei Zusammenfassung weniger Jahre oder gar des letzten Jahrzehnts das Bestandsbild unheimlich anschwellen.** Daß dieser Eindruck nicht sofort entstanden ist, hängt psychologisch damit zusammen, daß wir bei Statistik nur an die Betrachtung eines Jahreszeitraums gewöhnt sind. Es scheint schon fast zum Begriff der Statistik zu gehören, sich so eng zu beschränken. Unsere geistigen Augen sind nicht auf Monumentalstatistik eingestellt und fühlen sich deshalb durch die **Plötzlichkeit langer Fristen und die Neuheit weiter Horizonte geblendet.** Nur zwei Statistiken größeren Stils haben bis jetzt versucht, für je eine einzelne Stadt eine Generalrevue zu halten. Böckh, der einstige Direktor des Statistischen Amtes in Berlin, hat in den Jahren 1895—1897 (siehe Jahrbuch der Stadt Berlin 1895, 1896, 1897) auszurechnen versucht, wieviele Einwohner der Reichshauptstadt Zuchthaus- und Gefängnisstrafen verbüßt haben. Böckh hat zu diesem Zwecke die polizeilichen Strafblätter der Polizeireviere gezählt. Diese werden aber nur in polizeipraktischem Interesse geführt und nicht zum Zwecke der Statistik. Sie sind deshalb, wie mir auch von maßgebender Seite bestätigt wurde, statistisch lückenhaft. Dazu kommt, daß Böckh außer den Zuchthausstrafen nur die primären Gefängnisstrafen gezählt hat und nicht die Unzahl von Gefängnisstrafen, welche an Stelle nicht beitreibbarer Geldstrafen verbüßt wurden. **Trotz des starken Partialcharakters dieser Strafenquete — subsidiäre Gefängnisstrafen, Geldstrafe, Haft, Festung, Arbeitshaus, Verweis scheiden ja völlig aus — wurde von Böckh eine Zahlenernte eingebracht** (Statistisches Jahrbuch für Berlin 1896 S. 446 ff.), aus denen sich einwandsfrei herauskeltern läßt, **daſs** — Böckh hat es in dieser epigrammatischen Zuspitzung nicht getan — **im Jahre 1895 rund jeder 15. Mann und jedes 42. Weib von der erwachsenen Zivilbevölkerung der Stadt Berlin im Zuchthaus oder Gefängnis gesessen hat.** Sicherlich eine Enquete, die durch ihre Schwärze als hochbedeutsame Vorfrucht unserer Arbeit erscheinen muß. Ein Beleg von noch größerer Beweiskraft für die Stichhaltigkeit unserer Untersuchungsergebnisse bildet eine allen Verbrechen und Vergehen umfassende Enquete, die der Stadtrat Tschiersky in verdienstvoller Weise für die Stadt Görlitz gemacht hat. Sie besitzt, wie zu ihrem Ruhme gesagt werden muß, Prioritätsrecht, weil sie schon vor Böckh begonnen wurde. Aus dem mit Kartogramm versehenen

Schriftchen, das unter dem Titel „Versuch einer Darstellung der kriminellen Eigenschaften der Stadtbevölkerung von Görlitz in den Jahren 1899, 1900 und 1901" für die Städteausstellung in Dresden 1903 bestimmt war, gewinnt man — auch Tschiersky hat es in dieser Form nicht getan — **die Bescholtenheitsziffer: daß in Görlitz**[1] **jeder 8. Mann (8,4) und jedes 33. Weib (32,6) der erwachsenen Zivilbevölkerung wegen Verbrechen oder Vergehen gegen Reichsgesetze bestraft war.** Dabei ist zu beachten, daß die Zählungszeit etwa ein Jahrzehnt hinter unserem Untersuchungsschlußpunkt zurückliegt und, daß insbesondere die Feststellungen ähnlich wie bei Böckh nur auf Grund der Polizeiakten erfolgt sind und deshalb, so sorgfältig sie auch in Görlitz geführt sein mögen, doch nicht erschöpfend sein können. Eine nähere Beschreibung des Zählungsverfahrens ist in dem Schriftchen nicht gegeben, da, wie es heißt, dies aus Raumgründen nicht angängig sei. Nichtsdestoweniger leuchtet ein, welche **vorzügliche Stützmauer diese Zahlen für die Zahlen unserer Untersuchung sind, zu denen sie in solche Nähe rücken.**

Wenn man sich diesen beiden Stichproben gegenüber, die übrigens in der Öffentlichkeit nicht nach Gebühr gewürdigt und deshalb, sofern überhaupt bekannt, bald vergessen worden sind, noch mit dem Einwand helfen konnte, daß es sich um Erscheinungen örtlicher Natur handle, so fällt diese Beschwichtigung angesichts unserer Arbeit fort, welche die Wucht des ganzen Reichsbildes mit sogar noch höheren Ziffern gibt. Selbst wenn man — diese letzte Einigungskonzession wäre ja schließlich möglich — infolge Stärkerbewertung der von uns sicherlich schon stark bewerteten Abzugsquoten zum Schluß noch einen Extraabzug unter die Etikette „Fehlerquelle X" machen und deshalb nur jeden 7. Mann als bemakelt betrachten will, so bleibt das Schlußbild trotzdem ungeheuerlich. Selbst einem Phlegmatiker muß vor der Monströsität dieser Ziffern grauen. Man bedenke: sie beruhen **nur auf der deutschgerichtlichen Judikatur**[2]) unter Ausschluß der zahlreichen Auslandsstrafen, die gegen Deutsche während ihrer Auslandsaufenthalte erkannt und vollstreckt sind und wobei vornehmlich der Rückwanderungsstrom ausgewanderter Deutscher in Betracht kommt. Insbesondere aber — was mit Zentnergewicht in die Wagschale fällt — **die Ziffern sind nur aus den Erstdelinquenzziffern der Reichskriminalstatistik, also nur aus dem Zeitraum 1882 bis 1910, entnommen,** während alle die ungemessenen Quantitäten

[1]) Die Strafanstalt Görlitz mit ihrer Insassenschaft ist **nicht** mit einbegriffen.

[2]) Die wenigen Konsulargerichtsurteile, insgesamt kaum 600 während der ganzen Zeit, kommen, wie bereits erwähnt, als belanglos nicht in Betracht.

von Erstdelinquenten nicht mitgezählt sind, die wegen Verbrechen und Vergehen gegen Reichsgesetze **vor** dem Jahre 1882 bestraft sind und sich noch am Leben befinden. Es müssen dies, wie sich mit Evidenz dartun läßt, Hunderttausende und Hunderttausende sein. Man betrachte nur auf Tabelle A das Anfangsjahr 1882, welches 233 496 Erstdelinquenten enthält, von denen nach Ausweis der Tabelle B noch 134 601 am Leben geblieben sind. **Nun stelle man sich im Geiste rückwärtsschreitend eine Kriminalstatistik der Jahre 1881, 1880, 1879 usw. vor, und man wird ohne weiteres inne, dafs die von uns ignorierten Ziffern dieser Jahrgänge sich peinlich aufsummen würden.** Ohne eine Verwegenheit zu begehen kann man bei Zugrundelegung der doppelten Sterblichkeit an eine Aufsummung bis zu einer halben Million und bei Zugrundelegung der gewöhnlichen Absterbeordnung an eine Aufsummung sogar bis in die Nähe einer ganzen Million denken. Wir haben aber mit wohlüberlegter Absicht diese ganze Vorkriminalität vor 1882 als nicht vorhanden betrachtet, um uns überall streng in der Sphäre der von der Reichskriminalstatistik gewährleisteten Ziffern zu halten, welche ja schon Keulenschlags genug sind.

Wenn man sich von seinem ersten Schreck etwas erholt hat, könnte man vielleicht einen Trost darin finden, daß diese Millionen Menschen nicht alle mit Freiheitsstrafen belegt worden sind, sondern eine große Menge derselben — von der Jugendstrafe des Verweises sehen wir hier als nebensächlich ab — mit Geldstrafen gepönt worden sind. Das Verhältnis der Freiheitsstrafen zu den Geldstrafen ist beispielsweise im Jahre 1909 beinahe von gleicher Stärke gewesen (264 570 Freiheitsstrafen und 264 773 Geldstrafen) wie Übersichtstafel 7 des kriminalstatistischen Atlasses zeigt. Aber zunächst bleibt auch angesichts dieses Umstandes jedenfalls die Tatsache bestehen, daß es sich in allen Fällen stets **um Verbrechen oder Vergehen handelt, also um solche Rechtsbrüche, die aus der Gesamtheit aller strafbaren Rechtsbrüche als — wenigstens nach Ansicht des Gesetzgebers — besonders strafwürdig von der Gesetzgebung herausgehoben worden sind** und deshalb zu Objekten der Reichskriminalstatistik gemacht wurden. Daran ändert auch die Erwägung nichts, daß es sich nicht nur um Straftaten gegen das Reichsstrafgesetzbuch, sondern auch um Straftaten gegen die strafrechtlichen Nebengesetze handelt, insbesondere Gewerbeverordnungsvergehen. Denn die Straftaten gegen die **Nebengesetze** — man überschätzt es gewöhnlich — betrugen beispielsweise **im Jahre 1909 nur etwa 8 %** (44 105 gegen 500 078 Straftaten gegen das Reichsstrafgesetzbuch), sodaß sie nur wie eine **Insel neben dem Kontinent** liegen. Für die erste Hälfte unseres Untersuchungszeitraums schrumpft diese

Insel sogar noch sehr erheblich (bis auf etwa 3%) zusammen. Alsdann muß man sich mit allem Nachdruck klar machen, daß **diese Geldstrafen in ihrer überwiegenden Masse, insbesondere so gut wie alle auf Grund des Reichsstrafgesetzbuchs verhängten Geldstrafen solche Geldstrafen sind, hinter denen, falls Beitreibung nicht möglich ist, nicht bloſs einfache Haft, sondern regelmäſsig Gefängnisstrafen mit all ihren Demütigungen stehen** und daß es im Grunde genommen nur von der zufälligen Finanzlage des Delinquenten abhängt, ob er Strafantrittsbefehl erhält und die Strafe absitzen muß. Die Reichskriminalstatistik zählt — ein bedauernswerter Mangel — nicht, wieviele Geldstrafen hinter Schloß und Riegel verbüßt werden. Nach einer Sondierung, die für das Königreich Württemberg (siehe Rettich's klassisches Werk: „Kriminalität im Königreich Württemberg" S. 507) gemacht worden ist, wurden **in Württemberg sogar nur 41% der Geldstrafen bezahlt!** Man sieht also, daß auch die Geldstrafen jährlich in zehntausenden von Fällen einen harten, um nicht zu sagen verunglimpfenden Verlauf nehmen. Ja noch mehr! Besonders schwer in die Wagschale fällt bei Betrachtung unserer Kopfziffer die Erwägung, **daſs jeder 6. Mann und jedes 25. Weib nicht etwa nur ein einziges Mal bestraft worden sind, sondern daſs sie mindestens einmal bestraft sind.** Wir haben nur das Extensitätsbild der Reichskriminalität. Über die Intensität, nämlich die **Strafhäufigkeitsbelastung der bestraften Personen** ist noch nichts gesagt. Dadurch allein würde das Bild erst vollständig sein und in seiner ganzen Charakteristik strotzen. Nach dem jetzigen Stand der Statistik läßt sich die Intensität nicht erschöpfend feststellen. Man bekommt aber einen ungefähren Begriff, wenn man beispielsweise im letzten Jahrgang der Reichskriminalstatistik (1909) die bereits oben erwähnten Ziffern liest, daß von insgesamt 544 183 Verurteilungen (einschließlich Wehrpflichtverletzungen) 294 446 zum erstenmal, 81 508 zum zweitenmal, 46 350 zum drittenmal, 66 426 zum vierten- bis sechstenmal, 55 453 zum siebentenmal und öfter bestraft sind. **Man sieht also, daſs auf unseren Kopfziffern zweifellos vielfach Rückfälligkeit und zum Teil sogar sehr häufige Rückfälligkeit ruht.** Den höchsten Grad der Verblüffung muß es aber erzeugen, wenn wir im Zusammenhang mit diesem Füllhorn von Erwägungen noch einen Blick auf die umstehende Gesamtkriminalitätskarte (Bild III) werfen. Unser Resultat, jeder 6. Mann, jedes 25. Weib usw. ist, wie wir immer betonen, nur aus der von der Reichskriminalstatistik erfaßten Masse der strafbaren Rechtsbrüche entnommen. Diese Masse aber bildet nur einen geringen Bruchteil, nämlich etwa ein Vierteil bis ein Fünfteil der gesamten strafbaren

Rechtsbrüche. Die nebenstehende Gesamtkriminalitätskarte zeigt nun mit schwarzer Farbe die Verbrechen und Vergehen der Reichskriminalstatistik an. Also unsere Ausbeute. Die sechs übrigen Abteilungen von verschiedener Schraffierung zeigen dagegen die übrige Kriminalität an, nämlich amtsrichterliche Strafbefehlssachen, Feld- und Forstrügesachen, Übertretungen, Verbrechen und Vergehen gegen Landesgesetze, Zoll- und Steuerstraffälle und Militärgerichtsverurteilungen. Diese Gesamterhebung, die als statistische Vollfigur im Unterschied zu den sonstigen Kopf- und Brustbildern sehr rar und deshalb hochinteressant ist, findet sich — wenigstens so vollkommen — nur einmal in der Reichskriminalstatistik, nämlich im Jahrgang 1882 (S. [7]); nur die beiden letzten Rubriken Zoll- und Steuerstraffälle und Militärdelikte sind aus den Jahren 1908 bezw. 1900 appendixweise von uns hinzugefügt. Wie sich auch in Einzelheiten die Zahlenverhältnisse von 1882 bis jetzt verschoben haben und jetzt noch verschieben, jedenfalls **zeigt die Totalität dieses Bildes mit niederschmetternder Deutlichkeit, wie unsere Kopfziffer, jeder 6. Mann, jedes 25. Weib, extensiv und besonders intensiv sich verschärfen würde, falls wir eine Reichskriminalstatistik hätten, die die Gesamtheit der strafbaren Rechtsbrüche in Deutschland einheitlich behandelte.** Daß es sich bei dem von der Reichskriminalstatistik ausgeschlossenen Teil der Gesamtkriminalität um beachtenswürdige Erscheinungen handelt, ist bezüglich vieler Reate, insbesondere einer ganzen Anzahl von Übertretungen gegen das Reichsstrafgesetzbuch allgemein zugegeben. Wir nehmen die Fälschung von Pässen, Zeugnissen, Stempelpapier (§ 363), den Nahrungsmitteldiebstahl (Mundraub) und die diebstahlähnlichen Handlungen des § 370, die Benutzung einer Waffe oder eines gefährlichen Werkzeuges bei einer Schlägerei (§ 367 Abs. 10), die Tierquälerei (§ 360 Abs. 13), insbesondere dann Bettelei, Landstreicherei, Gewerbsunzucht (§ 361 Abs. 3, 4 und 6), die schon dadurch als wichtige Reate gekennzeichnet sind, daß sie mit Arbeitshaus, einer in den Spalten der Reichskriminalstatistik überhaupt nicht erscheinenden Freiheitsstrafe, also mit Einsperrung bis zu zwei Jahren bedroht sind. Die Bayerische Justizstatistik steht allein von allen deutschen Bundesstaaten auf dem nachahmenswerten Standpunkte, daß es Aufgabe der Statistik sei, alljährlich eine lückenlose Deliktsschau im Lande abzuhalten. Was für diesen Teil des Reichsgebietes für eine Ziffer hierdurch herauskommt, zeigt uns beispielsweise der letzterschienene Band (1910) der **Bayerischen Justizstatistik** (S. XXXVI), wo es heißt: **Somit kommt je 1 Verurteilter auf 19 Einwohner!** Man sehe genau hin: **binnen eines Jahres!** Diese Tatsache — mögen in der Zahl auch noch so viele Mehrfachzählungen ein und

Bild III.

Gesamtkriminalitätskarte.

Siehe für das Jahr 1881 und 1882: Statistik des Deutschen Reichs, N. F. Band 8, Seite (9) ff.
" " " " 1908: Vierteljahrsheft III zur Statistik des Deutschen Reichs, Jahrg. 1909 S. 113 ff.
" " " " 1909: " III " " " " " , " 1910 " 43 "

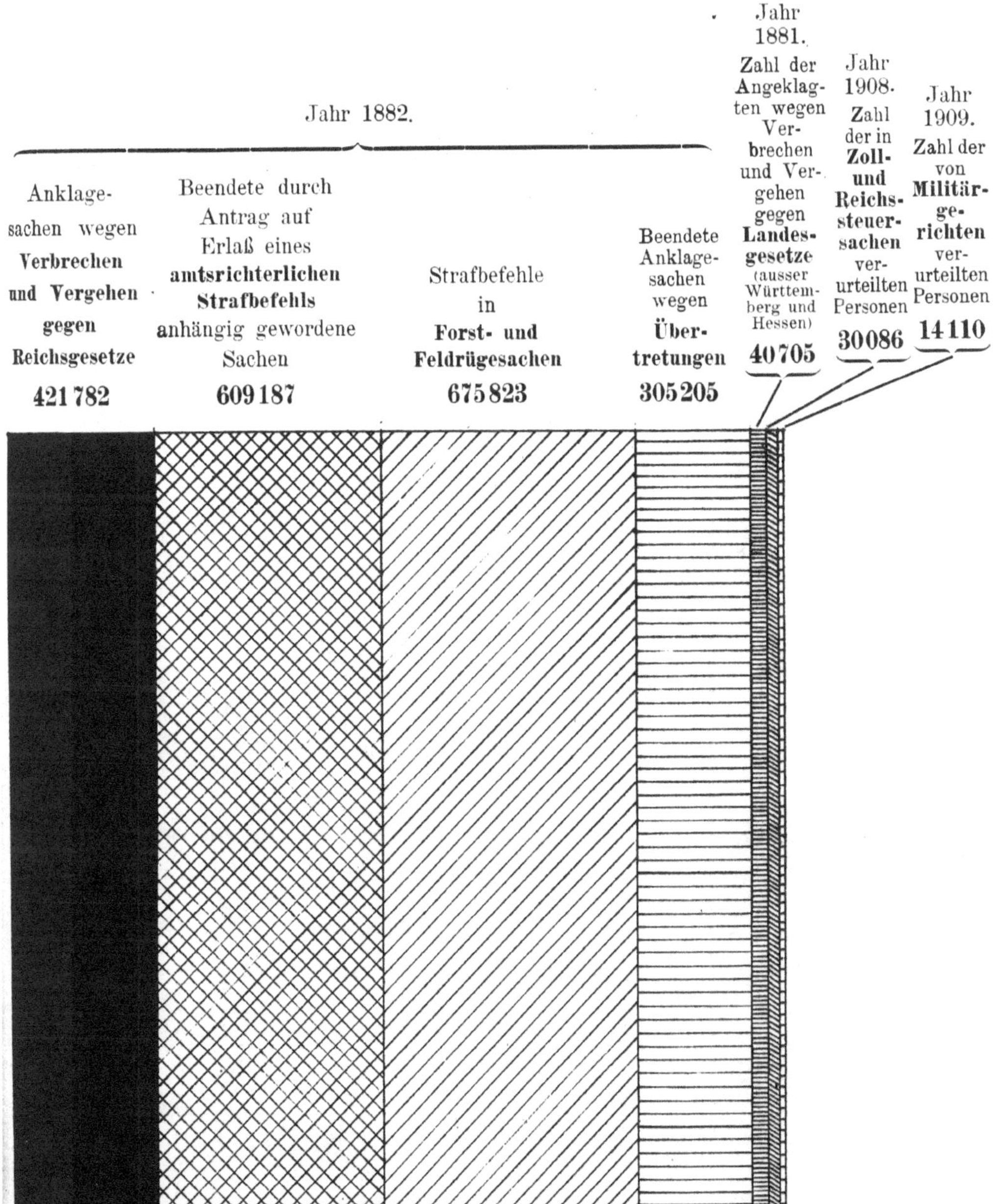

derselben Person stecken, weil sie im Jahre mehrfach delinquierte — erscheint für unsere Untersuchung überaus kostbar, da als eine Art Territorialseitenstück neben den Stadtveduten von Berlin und Görlitz **wiederum eine statistische Ziffer amtlich beglaubigt ist, die man sonst als Phantasiegebilde überlegen belächelt haben würde.**

Wir wollen die Grenzen unserer Arbeit, die an und für sich lediglich die zahlenmäßige Feststellung von Tatsachen zu Nutz und Frommen der Wissenschaft anstrebt, nicht noch ohne Not überschreiten. Der Drang ist aber bei aller Liebe zur Sachlichkeit gerade hier angesichts des niegeschauten Panoramas zu stark, als daß wir nicht wenigstens im kurzen Uberblick die Fülle von Lehren vor uns Revue passieren lassen sollten, die sich mit Notwendigkeit aus dem vor uns liegenden Zahlengebirge ergeben. **An erster Stelle kommt für die Öffentlichkeit die allgemeine menschliche Bedeutung unserer Untersuchung in Betracht.** Mit der pharisäerhaften Überhebung, in der sich die menschliche Gesellschaft so gern gefällt, ist es völlig vorbei. Mit Stumpf und Stiel. Das Verhältnis zwischen Bestraft und Unbestraft redet zu machtvoll dafür. Angesichts der überwältigenden Massenhaftigkeit von Gesetzeskonflikten, von welcher der Vorhang hier weggezogen ist, muß ein kritischer Frontwechsel gegenüber dem Strafverfehlertum vollzogen werden und andere, berichtigte, abgeklärte Maßstäbe angelegt werden. **Die bloſse Tatsache, daſs jemand irgendwo, irgendwann, irgendwie straffällig geworden, kann fernerhin unmöglich, wie dies bis jetzt oberflächlicherweise tagtäglich geschieht, über Wert und Unwert eines Menschen entscheiden.** Die Anlegung der juristischen Elle, die ja schon längst in Verruf zu kommen begonnen hat, muß durch die ethische Wertung in der Öffentlichkeit verdrängt werden, welche **grundsätzlich nur die Beschaffenheit des einzelnen Falles nach Tatgrund und Tatform prüft und ohne Strafregisterbevormundung alsdann selbständig taxiert.** Praktisch bedeutsam müssen die Konsequenzen hieraus für die Arbeitsfelder der Philanthropie, insbesondere für die Entlassenenfürsorge werden. Alle Förderer der Fürsorgevereinsbestrebungen muß es mit Genugtuung erfüllen, daß sie mit ihrer so oft geschmähten Humanität von jetzt ab so gerechtfertigt dastehen, wie sie es sich glänzender nicht haben wünschen können. **Ihr bester Trumpf gegen die Vorurteile, mit denen sie von je und je bei der Unterbringung entgleister Mitbürger zu kämpfen hatten, ist der Hinweis darauf, daſs jetzt zahlenmäſsig bewiesen ist, daſs der ganze Arbeitsmarkt, aller Handel und Wandel, ja, die halbe Welt an allen Ecken und Enden voll ist von bestraften Menschen und eine verfehmende Absperrung gegen dieselben, die immer schon unvernünftig war, nun völlig als ein Aberwitz erscheinen muſs.**

Ein volles Schlaglicht fällt auch von unserer Untersuchung auf die Schwesterdisziplinen der Kriminalpsychologie und Kriminalpsychiatrie. Nach diesen Ergebnissen müssen sie sich doppelt und dreifach vor den Übertreibungen der auch bei uns verbreiteten italienischen Schule hüten, welche die Delinquenten für eine besondere Menschenspezies hält und, wenn sie auch zur Zeit angefangen hat sich vorsichtiger auszudrücken, im Grunde doch an der alten Abnormitätsthese festhält. Man muß aus unseren Zahlenfunden vielmehr umgekehrt die Schlußfolgerung ziehen, daß das **Zuwiderhandeln gegen die Imperative des Staates eine Allgemeinerscheinung von solchem Umfange darstellt, dafs man ohne paradox zu sein von einem Normalzustand sprechen darf.** Denn mit allem Nachdruck sei — eine tiefaufwühlende Perspektive, die bisher noch nicht erörtert zu werden brauchte – darauf hingewiesen, daß das gerichtlich festgestellte Rechtsbrechertum, welches bereits jeden 6. Mann usw. ergab, **immer auf dem Hintergrunde jener ungeheueren Kriminalitätsmassen betrachtet werden mufs, die jahraus, jahrein unentdeckt oder unangezeigt oder unbestraft bleiben. Erst dann haben wir nämlich die Totalität der Wirklichkeit.** Den kriminellen Sättigungspunkt, mit Ferri zu reden. Mittelstädt hat schon gesagt: Was von dem massenhaften Verbrechensstoff zu gerichtlicher Untersuchung kommt, **ist aufserordentlich gering** (Zeitschr. f. ges. Strafrechtswissensch. Bd. IV, S. 403). Auch von Öttingen (Zeitschr. f. ges. Strafrechtswissenschaft, Bd. I, 1881, S. 419) spricht von der „**Unsumme vor dem richterlichen Forum gar nicht gesühnter Gesetzwidrigkeiten**". Staatsanwalt Langer nennt mit treffender Metapher **die Statistik einen Torso, der kaum eine Ahnung gibt, wie das ganze Gebilde aussieht.** (Kriminalstatistik und Strafrechtsreform, Preußische Jahrbücher 1908.) Auch von Liszt (Strafr. Aufsätze und Vorträge II S. 238) betont den weiten **Abstand zwischen Deliktshäufigkeit und Deliktsstatistik.** Man lese als weitere Belege für das krasse Mißverhältnis zwischen Fall und Ahndung auch die frappierende Abhandlung von Kloß über Eidesverletzungshäufigkeit (Monatsschrift für Kriminalpsychologie, Bd. II) und die guttabellierten Ausführungen des Staatsanwalts Wulffen (Psychologie des Verbrechers, Bd. I, S. 369). **So kann an der Allgemeinverfehligkeit des Menschen mit Fug auch nicht im allerentferntesten mehr gezweifelt werden.** Was theoretisch der Spruch Luthers: „Wer steht, gebe Obacht, daß er nicht falle" und das alte Römerwort: „Nil humani a me alienum puto" und weithinleuchtend die siebente Vaterunserbitte des Nazareners schon vor zwei Jahrtausenden über die menschliche Verbrechensfähigkeit sonder Ausnahme verkündet hat, ist durch die statistische Forschung voll und ganz erwiesen und mag, falls noch nötig, durch diese Arbeit ihren wissenschaftlichen Schlußstein erhalten.

Die allerdeutlichste Lehre — mit Flammenschrift an die Stirn der Themis geschrieben — springt aber für die Kriminalpolitik in die Augen. Einen schlagenderen Beweis als diese Untersuchung gibt es wohl nicht, bis zu welcher Strafsucht die herrschende Art und Weise der Verbrechensbekämpfung ausgeartet ist. Die verderbliche Einseitigkeit der juristischen Betrachtungs- und Behandlungsweise sozialer Mißstände zeigt sich grell. Anstatt ihnen durch fortgesetzten Ausbau des prophylaktischen Systems entgegenzuarbeiten und sie in kausalunterbindender Weise sozial zu bekämpfen, hat man von altersher alles Heil von der Abschreckungstheorie, jener verrosteten Rüstkammer aus der Carolinazeit, erhofft und terroristisch Strafparagraph auf Strafparagraph auf Strafparagraph gehäuft. Die Wirkung mußte für die Neuzeit um so verheerender sein, als die Strafparagraphen unter dem Zwange des allmächtigen Legalitätsprinzips fortgesetzt in Anwendung gebracht wurden, ohne gesundes Maß und Ziel in der Forderung des öffentlichen Interesses zu finden. Die Judikatur verschlimmerte die Überzahl noch dadurch, daß sie die Strafparagraphen, anstatt sie, wie grundsätzlich geschehen müßte, einschränkend auszulegen, durch Interpretationskunst bis zur äußersten Ausweitung reckte und streckte. Sie wurde hierbei unterstützt durch die Mitschuld einer tiftelnden Wissenschaft, welche sich gleichfalls von dem für Sachen des praktischen Lebens so weisen Wort von Leibniz: „Cave a consequentiariis" weltfremd abwandte. So wurden unter der Herrschaft der gleichen Strafparagraphen immer zahlreichere Tatbestände, anstatt vernünftigerweise der gesellschaftlichen Selbstregulierung überlassen zu bleiben, pönalisiert, selbst wenn sie oft harmlosester Natur waren. Die Verstiegenheit griff, um das Unheil voll zu machen, auf die breiten Massen des Volkes über und äußerte sich in einer wachsenden Überschüttung der Strafbehörden mit Hunderttausenden von Anzeigen — ein Stück Publikumspsychologie, das der unvergeßliche Hermann Seuffert statistisch zuerst erforschte und als „kriminelle Nervosität" so nachdrücklich brandmarkte. **Infolge aller dieser Expansionstendenzen hat sich schließlich eine strafliche Überproduktion bei uns herausgebildet, wie sie die Weltgeschichte in solchem Zenith vielleicht noch nie gesehen hat.** Bismarck hat, erzählt man, einst gespottet: wenn man vom Bett bis zum Fenster gehe, mache man sich dreimal strafbar. Der Scherz verfinsterte sich zu Ernst. Numeri loquuntur. **Wir müssen jedenfalls heute von der erklommenen Höhe der Statistik herab die vorwurfsschwere Frage stellen, ob es wahr und wahrhaftig not tat, daß ein so ruhiges,**

arbeitsfreudiges, hochaufstrebendes Kulturvolk, wie es Deutschland anerkanntermaßen ist, durch solch eine Spießrutengasse von Strafen hindurch mußte, daß jeder sechste Mann, dem wir in unserm Vaterlande begegnen, die Fuchtel hat spüren müssen. Es liegt eine Überspannung der staatlichen Strafgewalt vor, wie sie stärker kaum gedacht werden kann (siehe vortrefflich Reinhold Frank: „Die Überspannung der staatlichen Strafgewalt"). Mahnungen sind von weitblickenden Forschern schon vor Jahrzehnten vergebens erfolgt. Krohne, der Reformator der preußischen Strafvollzugsstatistik, welcher — was in diesem Zusammenhange wie ein programmatisches Höhenfeuer wirkt — **der Parallelerscheinung des Disziplinarstrafübermaßes in seinen Strafanstalten ein Ende gemacht durch Herabsetzung der zehntausendfältigen Strafziffer bis auf weniger als ein Dritteil***) und der gerade deshalb für den maßgebendsten Sachverständigen zur Sache gelten darf, hat schon im Jahre 1889 in seinem „Lehrbuch der Gefängniskunde" seine Warnerstimme erhoben, daß **„das Schwert der Themis, welches zur Schlacht gegen das Verbrechen dienen solle, nicht mißbraucht werden dürfe zum Holzhacken"**: Und nach ihm hat von Bar in seiner Rektoratsrede (Probleme des Strafrechts, Göttingen 1896, S. 20) mit schönem Freimut die Warnungstafel aufgerichtet: **Wenn fortgesetzt Strafgebote erlassen werden, wenn alle Welt bestraft wird und jedermann alle Tage Gefahr läuft von einem strengen Richter sogar mit Freiheitsstrafen belegt zu werden, dann ist das Gefängnis keine Schande mehr und die Wirkung der Strafgesetze wird da abgeschwächt, wo sie am wenigsten zu entbehren ist: bei den wirklichen Verbrechern.** Es ist hier nicht der Ort, den Reichtum dieses Themas auszuschöpfen. Wir begnügen uns damit, die Tatsache selbst mit ihren Zahlentürmen festgestellt zu haben, von denen wie dröhnender Glockenschlag gerade jetzt, wo die Arbeit für die Reform unseres deutschen Strafrechts im Gange ist, die Mahnung zur Einkehr geht. Ein Systemwechsel ist nötig. **Strafökonomie und wieder Strafökonomie und nochmals Strafökonomie ist die Weisheit, die not tut. Strafe nur, wo Strafe im Allgemeininteresse durch nichts sonst zur Niederhaltung bedrohlicher Erscheinungen ersetzbar ist. Strafe also nur als letzte Wehre für das Gemeinwohl.**

*) Auf hundert Gefangene kamen
im Jahre 1895 = 187 Disziplinarstrafen,
„ „ 1910 = 50 „
(siehe die einschlägigen Statistiken der zum Ressort des Königlich Preußischen Ministeriums des Innern gehörenden Strafanstalten und Gefängnisse).

Angesichts einer zielbewußten Willenskraft bewahrheitet sich immer wieder der Ausruf Napoleons I.: „Unmöglich? Ein dummes Wort!".

Sonst, wo immer und wann immer und wie immer es möglich, Stützung des Gesellschaftskörpers aus Eigenkraft durch soziale Reform und Remedur. Von der Warte dieser Weltanschauung aus — man gestatte mir diesen gedrängten Programmblick — **nur ein Minimum von Strafparagraphen**: Streichung aller überflüssigen Tatbestände, einschränkende Formulierung der notwendigen Tatbestände, Zurückhaltung in der Schaffung neuer Tatbestände Alsdann: **maſsvollste Anwendung dieses Minimums von Strafparagraphen.** Daher **Opportunitätsprinzip** für die Staatsanwaltschaften. Mehr noch. Auch angesichts des Opportunitätsprinzips eine reichliche, ja, soweit das Wohl der Allgemeinheit es irgend zuläßt, allerreichlichste **Inabhängigkeitsstellung der Strafverfolgungstätigkeit von privater Antragsinitiative.** Schließlich noch als Sicherheitsventil gegen ein Übermaß von Strafanträgen aus Übereilung: **Grundsätzliches Widerrufsrecht bei allen Strafanträgen bis zu erfolgter Spruchfällung.** Für die Strafe selbst — es sei, weil zum Geiste dieses Systems gehörig, der Vollständigkeit halber mit aufgezählt — möglichste Verdrängung der Freiheitsstrafe als Zentralpön wegen ihrer schädlichen Nebenwirkungen. Deshalb **nur ein Minimum von Freiheitsstrafen und ein Maximum von Surrogaten für die Freiheitsstrafen: Verweis, bedingte Verurteilung, Friedensbürgschaft usw.** Das sind Richtpunkte — mögen Mithelfer sie schärfen, erweitern, vollenden —, die sich während meiner Strafanstaltsdirektorialtätigkeit bei dem täglichen Anblick des Ozeans von Strafen von Jahr zu Jahr mehr bei mir festsetzten. Ich weiß, die herrschende Lehre wird sich gegen diese anscheinende Umwälzung sträuben bis zum letzten Atemzug. Aber so grundstürzend sind diese Neuerungen übrigens nicht, es ist nur die restlose Fortentwickelung zukunftsträchtiger Institutionskeime, die bereits in Strafgesetzbuch und Strafprozeßordnung, wenn auch nur kärglich, vorhanden sind. Geschieht aber also, so steht zu hoffen, daß der Strafjustizbetrieb sich zu wandeln beginnt. Fachleute und Laien werden allmählich die richtige Distanz zum überschätzten Rechtsbruchphänomen gewinnen. **Die ewiggültige Forderung, Strafe nur, wo der Schutz der menschlichen Gesellschaft es gebieterisch fordert, wird endlich Wahrheit werden. Die Pönalvergeudung wird zu Ende gehen. Was übrig bleibt ist vollberechtigte Repressalie gegen wirliches Verbrechertum.** Die Strafhoheit des Staates steht wieder in alter Majestät da und wird aller Überbürdung entledigt eine um so großzügigere Energie zu entfalten vermögen.

Wir stehen am Schlusse. Sicherlich wird diese Untersuchung an Irrungen leiden, wie dies bei jeder neuen Pfadsuche im besonderen

Maße der Fall zu sein pflegt. Deshalb rufe ich auch alle Gesinnungsgenossen zu vervollkommnenderer Mitarbeit an meinem Problem auf. Aber ich bitte über etwa entstehende Kleinkramkontroversen nicht die großen Linien des Forschungsspannrahmens zu vergessen, um den es sich handelt und das zu bestätigen oder zu widerlegen, was ich als mein Credo bezüglich dieser Monographie folgendermaßen mir zu formulieren erlaube: **eine unter dem Gesetz der grofsen Zahl stehende Wahrscheinlichkeitsrechnung von so beträchtlicher Zuverlässigkeit, dafs die Ergebnisse jedenfalls nicht im entscheidenden Mafse hypothetisch infiziert sind und darum in ihrer praktischen Schwerkraft vollbeachtlich erscheinen.** Dessenungeachtet mache ich am allerwenigsten mir ein Hehl daraus, daß angesichts der gewissen Primitivheit, welcher der Technik dieser Enquete notgedrungen anhaftet, die Frage sich lebhaft aufdrängt, ob nicht ein vollkommeneres Feststellungsmittel, eine Art Präzisionsmaschine herstellbar sei, die mit wirklicher Exaktheit arbeitet. Meines Erachtens liegt die Möglichkeit vor und ist man imstande, die statistischen Feststellungen, die hier auf mühseligen Wegen und unter teilweisen Nebeln geschehen sind, klipp und klar mit einem Schlage zu gewinnen. Wir haben seit dem Jahre 1882, also seit demselben Jahre, wo unsere Kriminalstatistik begonnen hat, ein Netz von Strafregisterbehörden über ganz Deutschland hin. In diesen Strafregistern werden seit 1882 insbesondere sämtliche Verbrechen und Vergehen (Nichtregisterdelikte ausgenommen) gegen Reichsgesetze und sogar eine Reihe von wichtigen Übertretungen (Landstreichen, Bettelei, Gewerbsunzucht usw.) mit dem Namen der verurteilten Delinquenten und den erforderlichen Begleitbemerkungen gebucht. Es ist klar, daß hier ein unvergleichliches Material aufgestapelt liegt, bedeutsamer als alle Reichskriminalstatistikbände des Kaiserlich Statistischen Amtes, aus denen wir genötigt waren, zu schöpfen. Oftmals schon hat man, zuletzt noch Wadler (Moralstatistik, S. 648) allgemein auf die große Bedeutung hingewiesen, die die Nutzbarmachung der Strafregister mit ihrem wertvollen Sammelinhalt für kriminalstatistische Zwecke habe. Aber in welcher Form soll das geschehen? Eine Auszählung der Strafregister allein würde das Problem nicht lösen, denn in den Strafregistern werden die durch Tod in Abgang gekommenen Delinquenten nur bei zufälliger Bekanntwerdung gelöscht, da die Standesämter nicht meldepflichtig sind. Selbst bei Einführung einer standesamtlichen Meldepflicht würden aber nur die Inlandsterbefälle gemeldet werden können. Die Sterbefälle im Auslande würden trotzdem, mangels Nachricht, nicht Löschung nach sich ziehen. Was aber noch schwerer wiegt: alle Delinquenten, die nach erfolgter Auswanderung — eine sehr hohe Zahl, wie wir vorhin sahen — im Auslande leben und deshalb aus der kriminellen Bevölkerung Deutschlands ausgeschieden sind, werden im Strafregister weiter geführt. Es wird auch trotz aller Strafregisterreformversuche — Einführung des erstrebenswerten Zentralregisters nach belgischem Muster usw. — die Schwierigkeit wohl unüberwindlich bleiben, Löschung oder besser gesagt, Sperrvermerk bei Auswanderungen zu erreichen. **Jedenfalls steht fest, dafs sich jetzt die Strafregister mit Millionen von Namen schleppen, die infolge Todes entweder überhaupt, oder infolge Auswanderung jedenfalls für unser Problem in Wegfall kommen müssen.** So kann eine Auszählung der Strafregister für sich allein niemals in Betracht kommen. Sie ist nur möglich, wenn ihr ein mächtiges Hilfsmittel beigesellt wird. Das ist der Reichsvolkszählungstag, der alle 5 Jahre stattfindet. Durch eine helfende **Inbeziehungsetzung der Reichsvolkszählungspapiere zum Strafregister läfst sich in prompter Weise Gewifsheit darüber verschaffen, wie grofs die kriminelle Bevölkerung Deutschlands am Volkszählungstage und damit überhaupt ist,** denn das Reichsbevölkerungsbild ist an diesem Tage, der sich ja sonst durch nichts von den übrigen Tagen des Jahres unterscheidet, das typische Bild.

Die Verfahrungsweise, welche wir hiermit vorschlagen, wäre wie folgt:

Etappe I: Nachdem die Reichsvolkszählungspapiere*) für den Zählungszweck erledigt sind, werden **nur diejenigen Zählkarten vernichtet, die sich auf den strafunmündigen Reichsbevölkerungsteil beziehen,** also gemäß Altersaufbau in Deutschland etwa ein Drittel der Gesamtmasse.

Etappe II: Der Rest, also etwa zwei Drittel, wird nach Geburtsbezirken gebündelt und an die Strafregisterbehörden geschickt, die für die Geburtsbezirke zuständig sind.

Etappe III: Die Strafregisterbehörden vernichten nun nach erfolgter Nachschlagung ihrerseits alle die Zählkarten, deren Namen, weil straffrei, im Strafregister fehlen. **Der jetzt noch vorhandene Rest der Zählkarten, also etliche Millionen, repräsentiert die kriminelle Bevölkerung.**

---

*) Fragestellung und Form der Reichszählpapiere ist reichsgesetzlich nicht vorgeschrieben.

Die Fragestellung wird bundesratlich vor jeder Volkszählung neu bestimmt. Die Verfahrungsweise, die wir oben vorschlagen, setzt voraus, daß die Geburtsortangabe in das Zählpapier mitaufgenommen ist, wie dies aus statistischen Gründen bekanntlich sehr häufig geschieht.

Was die Form der Reichszählpapiere anlangt, so unterliegt sie den Anordnungen der Bundesregierungen. In Norddeutschland und einem Teil von Mitteldeutschland bestehen die Zählpapiere aus Haushaltungslisten und Personalzählkarten für jede Person

Etappe IV: Diese Zählkarten werden nunmehr, etwa durch einheitlichen Stempelaufdruck mit einem Z (Zuchthaus) — G (Gefängnis) — Gd (Geldstrafe) — A (Arbeitshaus) — H (Haft) — F (Festung) — V (Verweis) versehen und nach Ausfüllung, ob und wie oft eine diesbezügliche Strafe gebucht, an das Kaiserlich Statistische Amt in Berlin zur Gesamtverarbeitung gesandt. Bei dieser Verfahrungsweise würden wir nicht nur die Extensität, sondern auch, was von besonderem Wert wäre, die **Intensität** der angesammelten Reichskriminalität erfahren. Wir würden alsdann nicht nur wissen, wie viele Delinquenten überhaupt, sondern **wie viele einmal, zweimal, dreimal, viermal usw. bis zur Höchstziffer bestrafte Menschen in Deutschland leben.** Ferner was sehr wichtig ist, **wie viele mit Freiheitsstrafen** belegt sind, also mit Zuchthaus, Gefängnis, Arbeitshaus usw. und was am wichtigsten ist, **wie oft**, Auch die **Länge der verschiedenen Strafen** ließe sich auf die Weise feststellen, daß hinter den Buchstaben Z, G, A usw. anstatt der bloßen Gesamtzahl die einzelnen Strafen nach ihrer Länge, also 1 (= 1 Jahr), $2^1/_2$ (= $2^1/_2$ Jahre) usw. hintereinander angegeben würden. Wir gewönnen alsdann mit mustergültiger Detailliertheit das lebende Fazit der das letzte Menschenalter umfassenden Strafjustiz Deutschlands. Mit einem Worte: **die Morphologie der deutschen Verbrecherwelt.** Fürwahr, eine Statistik, die in der allerimposantesten Weise den Eklaireurdienst erfüllen würde, den Krohne von jeder Strafstatistik zur Erkundung des feindlichen Terrains verlangt hat. (Krohne: „Der gegenwärtige Stand der Gefängniswissenschaft", Zeitschrift für die gesamte Strafrechtswissenschaft, I. Bd., 1881). Ueber die nähere Gestaltungsweise dieser Enquete, die sich natürlich durch Einzelpunkte noch bereichern ließe, müßte das Kaiserlich Statistische Amt noch Rats pflegen. Etwaige Skrupel, ob anstatt der bequemen Originalbenutzung der Zählpapiere, insbesondere der originären Personalzählkarten, besser überall nur besondere Exzerpte verwandt werden müßten, was natürlich ein außerordentliches Mehrschreibwerk ver-

besonders. Die Sendung dieser Personalzählkarten an die Strafregister vollzöge sich also glatt. In Süd- und Mitteldeutschland bestehen die Zählpapiere nur aus Haushaltungslisten. Man könnte zunächst an eine Inumlaufsetzung dieser Haushaltungslisten, nachdem die Namen der strafunmündigen Personen gestrichen wären, bei den Strafregistern denken. Diese Umständlichkeit ist jedoch zum Glück nicht nötig. Denn die statistischen Aufbereitungsbehörden schreiben aus den Haushaltungslisten zwecks personalstatistischer Zählung Personalzählblättchen für jede Person besonders aus nach der sogenannten „Zählblättchenmethode". Es wäre also mit diesen derivativen Personalzählblättchen ebenso zu verfahren, wie mit den originären Personalzählkarten. (Siehe: W. Beukemann, Methode und Umfang der deutschen Volkszählungen. Die Statistik in Deutschland nach ihrem heutigen Stand, Ehrengabe für G. v. Mayr, Bd I, München und Berlin 1911, S. 197 ff.).

ursachen würde, dürften sich meines Erachtens nicht behaupten können. Eine verbietende Gesetzesvorschrift liegt keinesfalls vor. Auf den preußischen Zählpapieren steht sogar ausdrücklich aufgedruckt, daß die gewonnenen Angaben „zu statistischen Übersichten“ benutzt werden dürfen und ist nur die Zusage erteilt, daß sie nicht zu steuerlichen oder anderen Zwecken verwertet werden dürfen. **Wie man sich aber auch einigen möge, ob Zählkarte oder Exzerpt oder was immer, der Grundgedanke der ganzen Veranstaltung bleibt immer derselbe: Inventuraufnahme durch die Strafregisterbehörden unter Dienstbarmachung der schriftlich fixierten Reichsvolkszählungsergebnisse.** Denn, um es zu wiederholen, ob man auch beklommen über die Riesenpolypnatur des Unternehmens auf Mittel und Wege sinnen mag, die einfacher zum Ziele führen, es ist umsonst. Man wird nur seine Ohnmacht einsehen müssen. Der Reichsvolkszählungstag ist durch die am 1. Dezember jedes Jahrfünfts bewirkte Gestellung der für unsere Aufgabe erforderlichen Individualdaten bis auf weiteres **das einzige und durch keine andere Maschinerie zu ersetzende Rechenbrett zur Bestandszählung der kriminellen Bevölkerung Deutschlands.**

Allerdings handelt es sich um eine Untersuchung, die wegen der enormen Dimensionen kostspielig ist, aber doch nicht bis zur Maßlosigkeit. Die Reichsvolkszählung ist ein viel kostspieligerer Apparat und hat doch, wie ich beispielsweise für den preußischen Staat zuverlässig ermittelt habe, für den Kopf nur knapp ein Zweipfennigstück gekostet. Es handelt sich um eine einmalige Mehrausgabe für das Kaiserlich Statistische Amt. Das Extraordinarium würde, so glauben wir, vielleicht völlig quittgemacht werden durch die staatsfinanziell so segensreiche Erkenntnis, welches Übermaß an Strafjustiz- und Strafvollstreckungskosten jährlich verausgabt und bei größerer strafpolitischer Reserviertheit erspart werden könnte. Bei der enormen Wichtigkeit der Sache würde der Vorschlag jedenfalls diskutabel sein. Es ist in Deutschland schon fast alles gezählt worden bis zum letzten Apfelbaum und bis zur letzten Ziege. Blinde und Taubstumme sind gezählt worden; auch Geisteskranke. **Warum sollte man sich nicht entschließen, wenigstens ein einziges Mal, die Strafverurteilten zu zählen, um über ein wissenschaftlich so reichgründiges und in seinen praktischen Folgerungen, wie wir oben dargetan, so lebensmächtiges Problem, wie es das Rechtsbrechertum ist, endlich einmal volle Sonnenklarheit nach langem Dunst und Dämmer von Hypothesen zu erlangen.** Der erste Statistiker der Jetztzeit, in dem theoretische und praktische Qualitäten sich zum entscheidendsten Urteil vereinigen, Unterstaatssekretär Dr. Georg v. Mayr ist desselben

Sinnes. Es war mir eine besondere Freude, noch während der Niederschrift meiner Arbeit in seinem neuerschienenen Werk „Sozialstatistik" (Statistik und Gesellschaftslehre Seite 487) die Worte zu lesen, die ich als Motto meiner Arbeit vorangesetzt habe: **„Die erschöpfende Bestandsermittelung der Bestraften in der Bevölkerung ist an sich der moralstatistisch bedeutsamste Ausweis auf dem gesamten kriminalistischen Gebiete"**. Er fügt noch hinzu, daß die Erfüllung dieses Postulats hoffentlich in „nicht zu ferner Zukunft" liege. Mache man diese Hoffnung wahr. Am 1. Dezember 1915 ist der nächste Reichsvolkszählungstag. Das Kaiserlich Statistische Amt in Berlin würde sich ein erstklassiges Verdienst erwerben, wenn es dann Hand anlegen wollte. Es lohnt des Schweißes. **Deutschland würde eine statistische Großtat leisten, die in ihrer Art unter allen Kulturvölkern der Erde ohne Gleichen dastehen würde.**

Anhang.

I.

Reichskriminalstatistischer Atlas mit 10 Übersichtstafeln

für das Jahr 1909

nebst Vorwort und Deliktsverzeichnis.

II.

Beilage A: Abdruck der Bundesratsverordnung vom 5. Dezember 1881 über die Herstellung der Reichs-Kriminal-Statistik.

Beilage B: Bundesratsverordnung vom 16. Juni 1882 über die Einrichtung der Strafregister.

Vorwort.

Zwecks bildlicher Erläuterung der zahlreichen in der vorstehenden Untersuchung aufgerollten Probleme der Reichskriminalstatistik folgt jetzt als Anhang ein kriminalstatistischer Atlas in 10 Übersichtstafeln. Er veranschaulicht die Deliktszahlen der letzterschienenen Reichskriminalstatistik, also des Jahres 1909. Ich habe bereits im Text verschiedentlich Anlaß genommen zur Nachschlagung und Benutzung der Übersichtstafeln aufzufordern. In diesem Atlas, so bescheiden er auch auftritt, steckt ein erhebliches Stück Arbeit. Es galt die große Fülle reichskriminalstatistischer Hauptgesichtspunkte trotz des knappen Raumes vollzählig zu verkörpern. Ich hoffe zugleich mit dieser Mundgerechtmachung einer sonst so schwer genießbaren Materie, wie es die Reichskriminalstatistik ist, den besonderen Zweck zu erreichen, das Interesse für diese eigenartige Forschungswelt vielleicht über die Grenzen der Zunft hinaus auch dem Laien verständlich zu machen. Der Atlas enthält 10 Übersichtstafeln. Es ist ihm ein ausführliches Deliktsverzeichnis vorangeschickt für solche Interessenten, die sich detailliert über die Einzeldelikte samt ihrer Begehungshäufigkeit unterrichten wollen, die auf den Übersichtstafeln des Atlasses aus Raumgründen nur teilweise gegeben werden konnten. Das Studium dieses Verzeichnisses, welches sich durchweg auf die Reichskriminalität des Jahres 1909 bezieht, kann aber auch allgemein zur Lektüre empfohlen werden, denn es bringt mancherlei Zahlenüberraschungen. Durch Niedrigkeit der Ziffer fallen beispielsweise auf: betrügerischer Bankrott (in Wirklichkeit sehr häufig) nur 75 Verurteilte, Wucher (in Wirklichkeit wohl noch häufiger) nur 18 Verurteilte, darunter Niemand wegen gewerbs- und gewohnheitsmäßigen Wuchers. Majestätsbeleidigung nur 12 Verurteilte; Zweikampf (unter Zivilisten) mit tötlichem Ausgange = 0. Verhältnismäßig hoch erscheinen: Kinderraub = 38 Verurteilte, Doppelehe = 64 Verurteilte, Weitergabe falschen Geldes nach erkannter Unechtheit = 103 Verurteilte, Ehebruch = 399 Verurteilte. Bei Sodomie finden wir 292 Verurteilte gegenüber nur 385 Verurteilten wegen Päderastie.

Von Interesse auch für Zivilrechtsvertreter dürften die Zahlen wegen Verletzung des geistigen Eigentums sein (Gruppe Xd No. 5 des Deliktsverzeichnisses), die in der Literatur wenig erwähnt zu werden pflegen.

Tafel 1 gibt die Gesamtkriminalität gesondert nach Deliktsarten.

Wie die 26 Quadrate zeigen, steht unter den Straftaten die Körperverletzung — einfache, gefährliche, schwere obenan; dann folgt der Diebstahl, dann die Verbrechen und Vergehen gegen die öffentliche Ordnung und dann die Beleidigung; damit sind etwa 68% aller Straftaten umfaßt. Sachbeschädigung und Widerstand gegen die Staatsgewalt stehen sich ungefähr gleich, die Verbrechen und Vergehen gegen die Sittlichkeit stehen an Zahl weit hinter Diebstahl und Körperverletzung zurück. Der Anteil der schweren Verbrechen — gegen das Leben, Raub und Erpressung, Meineid — ist verhältnismäßig gering und die gegen den Bestand des Staates gerichteten, Hochverrat und Landesverrat usw., verschwindend.

Die Gesamtkriminalität beträgt 544 183 Verurteilte. Davon entfallen auf das Reichsstrafgesetzbuch = 500 078 Verurteilte und auf die übrigen Reichsgesetze nur = 44 105 Verurteilte (etwa 8%). Ich weise auf das Zahlenverhältnis ausdrücklich hin, da man es häufig irrig beurteilt.

Tafel 2 gibt die Gesamtkriminalität gesondert nach dem männlichen Geschlecht (schwarze Farbe) und dem weiblichen Geschlecht (rote Farbe). Das Übergewicht der männlichen Dilinquenz über die weibliche Delinquenz tritt drastisch zu Tage. Das Verhältnis ist etwa 5 : 1.

Tafel 3 gibt die Gesamtkriminalität nach erwachsenen Personen (schwarze Farbe) und jugendlichen Personen (blaue Farbe). Das Diebstahlsquadrat ist an der blauen Farbe am stärksten beteiligt.

Tafel 4 gibt die Gesamtkriminalität gesondert nach Erstdelinquenz (schwarze Farbe) und Rückfall (grüne Farbe). Der Rückfall beträgt etwa 45%.

Tafel 5 zeigt die Gesamtkriminalität in ihrer Verteilung auf die verschiedenen Altersklassen. (Diese Tafel ist von mir bereits veröffentlicht als Beilage zur Statistik der zum Ressort des Königl. Preuß. Ministeriums des Innern gehörenden Strafanstalten und Gefängnisse für das Rechnungsjahr 1910.)

Am stärksten sind die Jahresklassen vom 18. bis 30. Jahre beteiligt; das ist die Zeit, in welcher sich der noch in der Persönlichkeitsentwickelung begriffene Mensch für seine sozialen Aufgaben bildet und in dieser Altersklasse sind die 18- bis 21jährigen am stärksten kriminalistisch belastet; darnach die 21- bis 25jährigen, dann die 25- bis 30jährigen. In weiterem Abstande folgen dann die 30- bis 40jährigen, dann die über 50jährigen, welche geringer an der Kriminalität beteiligt sind, als die 12- bis 18jährigen.

Tafel 6 gibt die Gesamtkriminalität gesondert nach Berufsgruppen.

Tafel 7 zeigt die Gesamtheit der verhängten Strafen nach Art (Geldstrafe, Gefängnis, Verweis, Zuchthaus usw.) und nach Höhe der Strafen.

Die Tafel ist sehr wichtig. Sie zeigt das erdrückende Übergewicht der kurzzeitigen Freiheitsstrafen. Drei Vierteile aller Gefängnisstrafen betragen weniger als drei Monate. Viele Zehntausende von Gefängnisstrafen betragen nur wenige Tage. Die schweren Freiheitsstrafen sind völlig in der Minderzahl. Zuchthausstrafen von 5 Jahren und mehr wurden im ganzen Jahre nur 782, darunter nur fünf Fälle Lebenslänglichkeit, verhängt. Wie Quadrat I zeigt, nimmt die Geldstrafe einen ungeheuren Umfang ein, sie ist die häufigste Strafe. Für die Geldstrafe sind die verschiedenen Höhenbeträge — was privat- und staatswirtschaftlich wissenswert wäre — statistisch leider für 1909 nicht festgestellt. Todesurteile sind selten. Sie wurden nur in 32 Fällen verhängt. Die Reichskriminalstatistik gibt — es muß dies nachdrücklich gerügt werden — nur die Zahl der gefällten, nicht aber die Zahl der vollstreckten Todesurteile. Auch anderwärts ist amtlich darüber nichts veröffentlicht. Infolgedessen wissen selbst die namhaftesten Theoretiker und Praktiker nicht, welche reale Bedeutung das Institut der Todesstrafe in Deutschland hat. Man mutmaßt, daß zwei Dritteile der Todesstrafen vollstreckt werden.

Tafel 8 zeigt in einer Hauptgruppe und vier Sondergruppen den Einfluß der Jahreszeiten auf die Begehung von Delikten. Diese Übersichtstafel ist auf Grund eines zehnjährigen Beobachtungsdurchschnitts nach Maßgabe der Reichskriminalstatistik aufgestellt (1883 bis 1892) und deshalb von typischem Beweiswert. Sie ist soziologisch von hohem Interesse, weil sie insbesondere den entscheidenden Einfluß des Winters mit seinen wirtschaftlichen Konsequenzen (Existenzschwierigkeiten) zeigt. Die Begehung der Vermögensdelikte

(Gruppe III), ist beispielsweise im Dezember um mehr als ein volles Viertel (etwa 27%) höher als im Juli. Umgekehrt sind die Delikte gegen die Person (Gruppe II = Körperverletzung, Sittlichkeitsdelikte usw.) besonders zahlreich im Sommer: im August sind sie fast um zwei Drittel (etwa 64%) höher als im Dezember.

Tafel 9 gibt die Statistik der Militärgerichtsurteile. Wir machen auf diese Darstellung besonders aufmerksam, da die Militärgerichtsstatistik (Heer und Marine) der alljährlichen Reichskriminalstatistik nicht angefügt ist, sondern anderwärts in der weitschichtigen Statistik des Deutschen Reichs erscheint. („Vierteljahreshefte zur Statistik des Deutschen Reichs".) Die Militärgerichtsstatistik, die seit dem Jahre 1901 erscheint, ist daher trotz ihrer Interessantheit ein so gut wie verborgenes Gebiet geblieben. Sie unterscheidet sich von der Reichskriminalstatistik zu ihrem Vorteile darin, daß sie den Inbegriff aller strafbaren Handlungen gibt, also außer den reichskriminalstatistischen Delikten noch die Vergehen gegen die Landesgesetze, die Übertretungen und Zuwiderhandlungen gegen die öffentlichen Abgaben und Gefälle. Sie enthält jedoch zwei Nachteile. Erstens den Nachteil, daß in ihr alle gleichartigen Straftaten eines Täters nicht in derselben Zahl, wie sie richterlich festgestellt wurden, übernommen sind, sondern als Einheit zusammengefaßt erscheinen. Die Folge davon ist, daß die Zahl der Straftaten viel zu gering erscheint. Die Reichskriminalstatistik unterscheidet in richtiger Weise, ob bei einem Täter gemäß Richterspruch ein fortgesetztes Delikt vorliegt oder eine Mehrheit von Straftaten. Wie tief einschneidend für das statistische Bild dieser Unterschied ist, leuchtet ein. In der Reichskriminalstatistik werden beispielsweise Fälle erwähnt, daß je ein Angeklagter in Berlin wegen 1000 Urkundenfälschungen, ein zweiter wegen 350 Diebstählen ein dritter wegen 285 Unterschlagungen verurteilt ist. Die Militärgerichtsstatistik würde nur je eine Urkundenfälschung, je einen Diebstahl und je eine Unterschlagung buchen. Dietz (Zur Kriminalstatistik für das deutsche Heer und die Kaiserliche Marine, Goltdammers Archiv, Bd. 58, Heft 4—6) erklärt als Sachkenner diese fehlerhafte Zählweise damit, daß „offenbar die Statistik der Mißhandlung Untergebener, die gelegentlich zur Verurteilung eines einzigen Täters wegen vieler Hunderter von Fällen führt, Anlaß gegeben habe, die im Reiche übliche Zählweise zu durchbrechen." Eine Rechtfertigung der falschen Zählweise ist hiermit nicht gegeben, wie auch Dietz zugibt.

Als zweiter Nachteil kommt hinzu, daß die Zählung bei den einzelnen Delikten nur nach Handlungen und nicht auch nach Personen erfolgt ist. Wir bleiben deshalb über den wichtigen Umstand in Unkenntnis, wie groß die Delinquentenzahl bei den einzelnen Delikten ist, beispielsweise wie viele als Diebe oder Betrüger usw. alljährlich in Heer und Marine bestraft werden. Denn es braucht ja nicht weiter auseinandergesetzt zu werden, daß die Zahl der Handlungen und die Zahl der Personen sich dann nicht deckt, wenn Übeltaten von mehreren Tätern gemeinschaftlich verübt worden sind.

Als wichtig zu erwähnen ist noch, daß in der Militärgerichtsstatistik und deshalb in der Übersichtstafel auch diejenigen strafbaren Handlungen mit enthalten sind, die vor Diensteintritt begangen, aber während der Dienstzeit militärgerichtlich abgeurteilt worden sind. Diese Reate gehören, streng genommen, nicht hierher, da sie eigentlich mit der Delinquenz der bewaffneten Macht nichts zu tun haben. Es wird deshalb eine Sonderung in Zukunft nötig sein, um reine Resultate zu erhalten. Abgesehen von diesen Beanstandungen ist die Übersichtstafel 9 sehr lehrreich, insbesondere auch wegen der Eigenart gewisser Delikte, die in der bürgerlichen Kriminalstatistik nicht vorkommen, wie Trunkenheit im Dienste, Feigheit usw.

Tafel 10 gibt einen Überblick über die Straffälle in Zoll- und Reichssteuersachen. Die Zoll- und Steuerstatistik ist ebenfalls leider nicht als Anhang zur Reichskriminalstatistik abgedruckt, sondern erscheint getrennt davon in den sogenannten „Vierteljahrsheften zur Statistik des Deutschen Reichs“ und wird wegen dieser Entlegenheit so gut wie garnicht von Kriminalstatistikern benutzt. Seit 1908 ist sie verwunderlicherweise überhaupt nicht fortgesetzt worden. Eine Statistik über die landesrechtlichen Steuerverfehlungen — Hinterziehungen (Unterdeklaration und Defraude) bei Einkommensteuern usw. — ist für das ganze Reich bedauerlicherweise nicht vorhanden.

Hinter den Übersichtstafeln sind zur Orientierung abgedruckt:

Beilage A: Abdruck der Bundesratsverordnung vom 5. Dezember 1881 über die Herstellung der Reichskriminalstatistik.

Beilage B: Bundesratsverordnung vom 16. Juni 1882 über die Einrichtung der Strafregister.

Detailliertes Verzeichnis

der

Verbrechen und Vergehen gegen Reichsgesetze im Jahre 1909

nebst den Begehungsziffern

als

Nachschlagewerk

für die

Übersichtstafeln 1 bis 4 des Reichskriminalstatistischen Atlasses.

Detailliertes Verzeichnis der Verbrechen und Vergehen gegen Reichsgesetze für die Übersichtstafeln I bis 4 des reichskriminalstatistischen Atlasses.

Nummern und Buchstaben der Übersichtstafeln 1–4	Art der strafbaren Handlungen (Verbrechen und Vergehen gegen Reichsgesetze).	1. Die Gesamtzahl der wegen Verbrechen und Vergehen gegen Reichsgesetze verurteilten Personen	davon 2. Zahl der weiblichen Verurteilten	davon 2. Zahl der männlichen Verurteilten	davon 3. Zahl der Jugendlichen (12 bis unter 18 Jahre alt)	davon 3. Zahl der Erwachsenen (18 und mehr Jahre alt)	davon 4. Zahl der Verurteilten mit Vorstrafen	davon 4. Zahl der Erstbestraften
	Verbrechen und Vergehen gegen Reichsgesetze. Insgesamt . .	**544 183**	**85 879**	**458 304**	**49 696**	**494 487**	**249 737**	**294 446**
I.	**Körperverletzung. Insgesamt . .**	**124 448**	**9 632**	**114 816**	**8 139**	**116 309**	**55 207**	**69 241**
a)	Leichte Körperverletzung	**25 677**	2 517	23 160	1 009	24 668	11 724	13 953
b)	Gefährliche Körperverletzung	**93 175**	6 908	86 267	6 483	86 692	41 655	51 520
c)	Fahrlässige Körperverletzung	**4 847**	175	4 672	584	4 263	1 478	3 369
	Davon: *)							
	Einfache fahrlässige Körperverletzung	**2 693**						
	Fahrlässige Körperverletzung unter Verletzung einer Amts-, Berufs- oder Gewerbspflicht .	**2 154**						
d)	Andere Fälle	**749**	32	717	63	686	350	399
	Davon:							
	1. Schwere Körperverletzung	**577**	23	554	42	535	280	297
	Darunter:							
	Schwere Körperverletzung mit Beabsichtigung der schweren Folge	**1**						
	Vorsätzliche Körperverletzung mit Verursachung des Todes .	**431**						
	2. Beteiligung an einer Schlägerei, welche Tod oder schwere Körperverletzung zur Folge hatte	**163**	3	160	15	148	67	96
	3. Vergiftung	**9**	6	3	6	3	3	6
II.	**Diebstahl. Insgesamt . .**	**115 418**	**23 964**	**91 454**	**26 115**	**89 303**	**58 294**	**57 124**
a)	Einfacher Diebstahl	**81 214**	20 187	61 027	20 517	60 697	32 169	49 045
b)	Einfacher Diebstahl im wiederholten Rückfalle	**14 967**	2 536	12 431	381	14 586	14 967	.
c)	Schwerer Diebstahl	**14 845**	1 064	13 781	5 028	9 817	6 766	8 079
d)	Schwerer Diebstahl im wiederholten Rückfalle	**4 392**	177	4 215	189	4 203	4 392	.
III.	**Verbrechen und Vergehen wider die öffentliche Ordnung. Insgesamt . .**	**71 353**	**11 567**	**59 786**	**1 539**	**69 814**	**27 228**	**44 125**
a)	Hausfriedensbruch	**24 390**	2 159	22 231	1 065	23 325	12 287	12 103

Anmerkung: *) Die unter der Rubrik „Davon bezw. Darunter" enthaltenen Einzeldelikte sind nur mit ihrer Gesamtzahl aufgeführt, da die Reichskriminalstatistik die Detailzahlen für unsere Scheidungen nicht vollständig gibt.

Noch: Detailliertes Verzeichnis der Verbrechen und Vergehen gegen Reichsgesetze für die Übersichtstafeln 1 bis 4 des reichskriminalstatistischen Atlasses.

Nummern und Buchstaben der Übersichtstafeln 1—4	Art der strafbaren Handlungen (Verbrechen und Vergehen gegen Reichsgesetze).	1. Die Gesamtzahl der wegen Verbrechen und Vergehen gegen Reichsgesetze verurteilten Personen	davon 2. Zahl der weiblichen Verurteilten	2. Zahl der männlichen Verurteilten	3. Zahl der Jugendlichen (12 bis unter 18 Jahre alt)	3. Zahl der Erwachsenen (18 und mehr Jahre alt)	4. Zahl der Verurteilten mit Vorstrafen	4. Zahl der Erstbestraften
b)	Zuwiderhandlungen in Bezug auf Konzessionspflicht usw., sowie gegen behördliche Anordnungen betr. der Sicherheitsvorrichtungen bei gewerblichen Anlagen	**14 993**	3 955	11 038	82	14 911	5 941	9 052
c)	Zuwiderhandlungen gegen die Bestimmungen betr. die Sonntagsruhe und den Ladenschluß	**13 202**	3 483	9 719	210	12 992	4 809	8 393
d)	Verletzung der Wehrpflicht	**7 580**	.	7 580	8	7 572	193	7 387
e)	Zuwiderhandlungen gegen die Vorschriften über Beschäftigung von Arbeiterinnen bezw. jugendlichen Arbeitern sowie von Kindern . .	**5 034**	1 121	3 913	6	5 028	1 289	3 745
f)	Arrestbruch	**1 931**	501	1 430	18	1 913	945	986
g)	Andere Eälle	**4 223**	348	3 875	150	4 073	1 764	2 459
	Davon:							
	1. Androhung eines gemeingefährlichen Verbrechens	**18**	.	18	2	16	12	6
	2. Vergehen gegen die Kaiserl. Verordnungen bezüglich der Schiffahrt	**66**	.	66	2	64	13	53
	3. Andere Verbrechen und Vergehen wider Abschnitt VII, sowie Vergehen gegen § 49a St.G.B. . .	**711**	203	508	33	678	278	433
	Darunter:							
	Aufforderung oder Erbieten zu Verbrechen, Annahme der Aufforderung oder des Erbietens .	**177**						
	Landfriedensbruch	**125**						
	Unwahre Entschuldigungen von Zeugen oder Laienrichtern . .	**34**						
	Unterlassene Anzeige geplanter Verbrechen	**8**						
	Verstümmelung zur Umgehung der Wehrpflicht	**0**						
	4. Andere Vergehen gegen die Gewerbeordnung	**432**	14	418	2	430	215	217
	5. Ungesetzliche Trauung durch den Geistlichen und vorschriftswidrige Eheschließung durch den Standesbeamten	**108**	.	108	.	108	8	100
	Davon:							
	Vornahme der kirchlichen Eheschließung durch die Religionsdiener vor dem Nachweise der standesamtlich. Eheschließung	**2**						

Noch: Detailliertes Verzeichnis der Verbrechen und Vergehen gegen Reichsgesetze für die Übersichtstafeln 1 bis 4 des reichskriminalstatistischen Atlasses.

Nummern und Buchstaben der Übersichtstafeln 1—4	Art der strafbaren Handlungen (Verbrechen und Vergehen gegen Reichsgesetze).	1. Die Gesamtzahl der wegen Verbrechen und Vergehen gegen Reichsgesetze verurteilten Personen	davon 2. Zahl der weiblichen Verurteilten	2. Zahl der männlichen Verurteilten	3. Zahl der Jugendlichen (12 bis unter 18 Jahre alt)	3. Zahl der Erwachsenen (18 und mehr Jahre alt)	4. Zahl der Verurteilten mit Vorstrafen	4. Zahl der Erstbestraften
	Außerachtlassung der gesetzlich. Vorschriften durch den Standesbeamten bei Vollziehung der Eheschließung	**106**						
	6. Verbrechen und Vergehen gegen verschiedene, die öffentliche Ordnung betreffende besondere Reichsgesetze (betr. Schiffahrt u. Flößerei, Inhaberpapiere und Reichskassenscheine, Impfwesen, Presse, Arbeiterversicherung, Sprengstoffe, Phosphorzündwaren, Bank- u. Börsenwesen, Telegraphenwes., Handfeuerwaff., Sklavenraub und Sklavenhandel. Auswanderungswesen, Postwesen, private Versicherungsunternehmungen, Vereinswesen)	**2 888**	131	2 757	111	2 777	1 238	1 650
	Darunter:							
	Öffentliche Aufforderung zur Aufbringung von Geldstrafen . . .	**2**						
	Unzeitige Veröffentlichung von Prozeßakten	**4**						
	Sklavenraub, Sklavenhandel § 1 bis 3 d. Ges betr. die Bestrafung des Sklavenraubs u. des Sklavenhandels vom 28. Juli 1895 . .	**0**						
IV.	**Beleidigung. Insgesamt** . .	**59 673**	**16 403**	**43 270**	**1 116**	**58 557**	**19 079**	**40 594**
	Davon:							
	Beleidigung oder üble Nachrede	**58 926**						
	Verleumdung	**732**						
	Beschimpfung des Andenkens Verstorbener	**15**						
V.	**Betrug und Untreue. Insgesamt** . .	**33 654**	**5 996**	**27 658**	**1 993**	**31 661**	**18 917**	**14 737**
a)	Betrug	**23 539**	3 766	19 773	1 742	21 797	12 761	10 778
	Darunter:							
	Versicherungsbetrug	**22**						
b)	Betrug im wiederholten Rückfalle .	**4 342**	525	3 817	21	4 321	4 342	.
c)	Verfälschung von Nahrungs- u. Genußmitteln, Feilhalten verfälschter oder verdorbener Nahrungs- u. Genußmittel, Zuwiderhandl. gegen die Gesetze, betr. den Verkehr mit Ersatzmitteln für Butter, den Verkehr mit Wein, künstlichen Süßstoffen, Bier usw.	**4 098**	1 581	2 517	72	4 026	1 057	3 041

Noch: Detailliertes Verzeichuis der Verbrechen und Vergehen gegen Reichsgesetze für die Übersichtstafeln 1 bis 4 des reichskriminalstatistischen Atlasses.

Nummern und Buchstaben der Übersichtstafeln 1—4	Art der strafbaren Handlungen (Verbrechen und Vergehen gegen Reichsgesetze).	1. Die Gesamtzahl der wegen Verbrechen und Vergehen gegen Reichsgesetze verurteilten Personen	davon 2. Zahl der weiblichen Verurteilten	männlichen Verurteilten	3. Zahl der Jugendlichen (12 bis unter 18 Jahre alt)	Erwachsenen (18 und mehr Jahre alt)	4. Zahl der Verurteilten mit Vorstrafen	Erstbestraften
d)	Untreue; Pflichtwidrigkeiten des Vorstandes usw. einer eingeschr. Hilfskasse, eingetragen. Genossenschaft, Aktiengesellschaft, Kommanditgesellschaft auf Aktien, Gesellschaft m. beschränkter Haftung, privaten Versicherungsunternehmung, Untreue des Kommissionärs gegen den Kommanditen, des Treuhänders gegen d. Hypothekenpfandbriefgläubiger, Vergehen geg. das Bankgesetz	**1 675**	124	1 551	158	1 517	757	918
VI.	**Unterschlagung. Insgesamt**	**29 013**	**4 946**	**24 067**	**2 247**	**26 766**	**15 434**	**13 579**
VII.	**Widerstand gegen die Staatsgewalt. Insgesamt**	**20 013**	**1 027**	**18 986**	**410**	**19 603**	**13 033**	**6 980**
a)	Gewalt u. Drohung gegen Beamte usw.	**18 056**	884	17 172	326	17 730	11 898	6 158
b)	Befreiung von Gefangenen	**1 644**	132	1 512	71	1 573	975	669
	Davon:							
	Vorsätzliche Befreiung von Gefangenen, Beihülfe zur Selbstbefreiung	**1 601**						
	Vorsätzliches Entweichenlassen von Gefangenen durch die mit der Bewachung Beauftragten	**4**						
	Fahrlässiges Entweichenlassen von Gefangenen durch die mit der Bewachung Beauftragten	**39**						
c)	Andere Fälle des Widerstandes	**313**	11	302	13	300	160	153
	Darunter:							
	Gefangenen-Meuterei	**54**						
	Öffentliche Aufforderung zum Ungehorsame	**10**						
VIII.	**Sachbeschädigung. Insgesamt**	**19 579**	**986**	**18 593**	**2 757**	**16 822**	**9 327**	**10 252**
	Davon:							
	Einfache Sachbeschädigung	**17 786**						
	Beschädigung von Gegenständen der Pietät oder von zum allgemeinen Besten öffentl. aufgestellten Gegenständen	**1 692**						
	Zerstörung fremder Bauwerke	**98**						
	Zerstörung oder Beschädigung von Teilen oder Ausrüstungsstücken des Schiffes durch den Schiffsmann	**3**						

Noch: Detailliertes Verzeichnis der Verbrechen und Vergehen gegen Reichsgesetze für die Übersichtstafeln 1 bis 4 des reichskriminalstatistischen Atlasses.

Nummern und Buchstaben der Übersichtstafeln 1—4	Art der strafbaren Handlungen (Verbrechen und Vergehen gegen Reichsgesetze).	1. Die Gesamtzahl der wegen Verbrechen und Vergehen gegen Reichsgesetze verurteilten Personen	davon 2. Zahl der weiblichen Verurteilten	davon 2. Zahl der männlichen Verurteilten	davon 3. Zahl der Jugendlichen (12 bis unter 18 Jahre alt)	davon 3. Zahl der Erwachsenen (18 und mehr Jahre alt)	davon 4. Zahl der Verurteilten mit Vorstrafen	davon 4. Zahl der Erstbestraften
IX.	**Verbrechen und Vergehen wider die Sittlichkeit. Insgesamt** . .	**13 777**	**3 052**	**10 725**	**1 141**	**12 636**	**7 386**	**6 391**
a)	Unzucht mit Gewalt an Bewußtlosen usw., an Kindern, Notzucht; Verleitung zum Beischlafe durch Täuschung	**5 067**	33	5 034	847	4 220	2 471	2 596
	Davon:							
	Gewaltsame unzüchtige Handlungen an Frauenspersonen . .	**211**						
	Schändung einer willenlosen, bewußtlosen oder geisteskranken Frauensperson	**63**						
	Unzüchtige Handlungen mit Personen unter 14 Jahren	**4 196**						
	Notzucht	**591**						
	Unzucht mit Verursachung des Todes	**2**						
	Erschleichung des außerehelichen Beischlafs	**4**						
b)	Kuppelei, Zuhälterei	**4 293**	2 392	1 901	10	4 283	2 902	1 391
	Davon:							
	Einfache Kuppelei	**2 750**						
	Kuppelei unt. Anwendung hinterlistiger Kunstgriffe	**6**						
	Verkuppelung der Ehefrau durch den Ehemann, von Kindern, Pflegebefohlenen, Schülern und Zöglingen durch Eltern, Vormünder, Geistliche, Lehrer oder Erzieher	**364**						
	Zuhälterei	**1 169**						
	Mädchenhandel	**4**						
c)	Ärgerniserregung durch unzüchtige Handlungen, Verbreitung unzüchtiger Schriften usw.	**2 619**	272	2 347	106	2 513	1 335	1 284
	Davon:							
	Unzüchtige Handlungen	**2 238**						
	Verbreitung unzüchtiger Schriften usw., Vorbereitungshandl. dazu	**245**						
	Öffentliche Ausstellung, Ankündigung oder Anpreisung von Gegenständen zu unzüchtigem Gebrauche	**124**						
	Öffentliche Ankündigung zum Zweck unzüchtigen Verkehrs .	**6**						
	Entgeltliches Überlassen oder Anbieten von schamlosen Schriften usw. an Personen unt. 16 Jahren	**6**						

Noch: Detailliertes Verzeichnis der Verbrechen und Vergehen gegen Reichsgesetze für die Übersichtstafeln 1 bis 4 des reichskriminalstatistischen Atlasses.

Nummern und Buchstaben der Übersichtstafeln 1—4	Art der strafbaren Handlungen (Verbrechen und Vergehen gegen Reichsgesetze).	1. Die Gesamtzahl der wegen Verbrechen und Vergehen gegen Reichsgesetze Verurteilten Personen	davon 2. Zahl der weiblichen Verurteilten	2. Zahl der männlichen Verurteilten	3. Zahl der Jugendlichen (12 bis unter 18 Jahre alt)	3. Zahl der Erwachsenen (18 und mehr Jahre alt)	4. Zahl der Verurteilten mit Vorstrafen	4. Zahl der Erstbestraften
d)	Andere Fälle	**1 798**	355	1 443	178	1 620	678	1 120
	Davon:							
	1. Doppelehe	**64**	7	57	.	64	42	22
	2. Blutschande	**456**	148	308	22	434	172	284
	3. Unzucht unter Mißbrauch eines Vertrauensverhältnisses	**78**	.	78	.	78	23	55
	Davon:							
	Unzüchtige Handlungen von Vormündern, Adoptiv-, u. Pflegeeltern, Geistlichen, Lehrern u. Erziehern mit ihren Pflegebefohlenen, minderjährigen Kindern, Schülern oder Zöglingen	**67**						
	Unzüchtige Handlungen von Beamten an Personen, gegen die sie eine Untersuchung zu führen haben oder die ihrer Obhut anvertraut sind	**4**						
	Unzüchtige Handlungen von Beamten und Medizinalpersonen mit Gefängnis- oder Anstaltsinsassen	**7**						
	4. Widernatürliche Unzucht	**677**	.	677	148	529	281	396
	Davon:							
	Widernatürliche Unzucht zwisch. Männern	**385**						
	Widernatürliche Unzucht mit Tieren	**292**						
	5. Andere Vergehen wider die Sittlichkeit	**523**	200	323	8	515	160	363
	Davon:							
	Ehebruch	**399**						
	Verführung unbescholtener Mädchen unter 16 Jahren	**124**						
X.	**Strafbarer Eigennutz und Verletzung fremder Geheimnisse. Insgesamt**	**12 871**	**895**	**11 976**	**624**	**12 247**	**5 396**	**7 475**
a)	Jagd- und Fischereivergehen, sowie Vergehen gegen die Reichsgesetze über den Robbenfang und die Fischerei in der Nordsee	**6 657**	91	6 566	569	6 088	2 924	3 733
	Davon:							
	Unberechtigtes Jagen	**1 521**						
	Unberechtigt. Jagen m. Schlingen, während der Schonzeit, in Wäldern, bei Nacht oder in Gemeinschaft	**3 997**						

Noch: Detailliertes Verzeichnis der Verbrechen und Vergehen gegen Reichsgesetze für die Übersichtstafeln 1 bis 4 des reichskriminalstatistischen Atlasses.

Nummern und Buchstaben der Übersichtstafeln 1—4	Art der strafbaren Handlungen (Verbrechen und Vergehen gegen Reichsgesetze).	1. Die Gesamtzahl der wegen Verbrechen und Vergehen gegen Reichsgesetze verurteilten Personen	davon 2. Zahl der weiblichen Verurteilten	2. Zahl der männlichen Verurteilten	3. Zahl der Jugendlichen (12 bis unter 18 Jahre alt)	3. Zahl der Erwachsenen (18 und mehr Jahre alt)	4. Zahl der Verurteilten mit Vorstrafen	4. Zahl der Erstbestraften
	Gewerbsmäßiges unberechtigtes Jagen	**204**						
	Unberechtigt. Fischen od. Krebsen bei Nacht bei Fackellicht oder unter Anwendung verbotener Stoffe	**935**						
b)	Vergehen in Bezug auf Glücksspiele und Lotterien	**3 753**	255	3 498	13	3 740	1 555	2 198
	Darunter:							
	Gewerbsmäßiges Glücksspiel	**565**						
	Vorschubleistung zum Glücksspiele durch Wirte usw.	**1 380**						
	Unbefugte Veranstaltung von Lotterien oder öffentlichen Ausspielungen	**1 670**						
c)	Verletzung fremder Gebrauchsrechte	**1 101**	339	762	11	1 090	462	639
d)	Andere Fälle	**1 360**	210	1 150	31	1 329	455	905
	Davon:							
	1. Beseitigung v. Vermögensstücken bei drohender Zwangsvollstreckung	**260**	44	216	1	259	107	153
	2. Verletzung fremder Geheimnisse, unbefugte Offenbarung von Betriebsgeheimniss., Nachahmung geheimgehaltener Betriebseinrichtungen oder Betriebsweisen durch Organe d. Berufsgenossenschaften, der Invalidenversicherungsanstalten, durch Sachverständige, durch Beauftragte der Polizei, Verrat von Geschäftsgeheimnissen usw.	**244**	104	140	19	225	53	191
	Darunter:							
	Verletzung des Briefgeheimnisses	**201**						
	Unbefugte Offenbarung v. Privatgeheimnissen durch Sachwalter oder Medizinalpersonen	**1**						
	3. Wucher	**18**	4	14	.	18	8	10
	Davon:							
	Einfacher Wucher	**13**						
	Wucher unt. verschleierter, wechselmäßiger, ehrverpfändender oder eidlicher Verpflichtung des Bewucherten	**5**						
	Gewerbs- oder gewohnheitsmäßiger Wucher	**0**						
	4. Andere Fälle d. strafbaren Eigennutzes	**503**	23	480	10	493	186	317

Noch: Detailliertes Verzeichnis der Verbrechen und Vergehen gegen Reichsgesetze für die Übersichtstafeln 1 bis 4 des reichskrimalstatistischen Atlasses.

Nummern und Buchstaben der Übersichtstafeln 1—4	Art der strafbaren Handlungen (Verbrechen und Vergehen gegen Reichsgesetze).	1. Die Gesamtzahl der wegen Verbrechen und Vergehen gegen Reichsgesetze verurteilten Personen	davon 2. Zahl der weiblichen Verurteilten	2. Zahl der männlichen Verurteilten	3. Zahl der Jugendlichen (12 bis unter 18 Jahre alt)	3. Zahl der Erwachsenen (18 und mehr Jahre alt)	4. Zahl der Verurteilten mit Vorstrafen	4. Zahl der Erstbestraften
	Darunter:							
	Gefährdung des Schiffes durch Kontrebande	49						
	Entlaufen des Schiffmanns mit der Heuer	116						
	5. Vergehen in Bezug auf das geistige Eigentum	335	35	300	1	334	101	234
	Darunter:							
	Unbefugte Vervielfältigung oder Verbreitung eines Werkes der Literatur oder Tonkunst	43						
	Unbefugte Aufführung oder unbefugter Vortrag eines Werkes der Literatur oder Tonkunst	13						
	Unbefugte Änderungen bei der erlaubten Wiedergabe eines Werkes der Literatur oder Tonkunst	7						
	Unbefugte Veröffentlichung des wesentl. Inhalts eines Werkes der Literatur oder Tonkunst	1						
	Unbefugte Vervielfältigung, Verbreitung oder Vorführung eines Werkes der bildenden Künste oder der Photographie	19						
	Unbefugte Änderungen bei der erlaubt. Wiedergabe eines Werkes der bildenden Künste oder der Photographie	1						
	Unbefugte Verbreitung od. öffentl. Zurschaustellung ein. Bildnisses	4						
XI.	**Verbrechen und Vergehen wider die persönliche Freiheit.**							
	Insgesamt	**12 809**	**744**	**12 065**	**337**	**12 472**	**7 314**	**5 495**
a)	Nötigung und Bedrohung	12 535	668	11 867	323	12 212	7 184	5 351
	Davon:							
	Nötigung	1 770						
	Bedrohung mit Verbrechen	10 765						
b)	Andere Fälle	274	76	198	14	260	130	144
	Davon:							
	1. Freiheitsberaubung	207	56	151	11	196	104	103
	2. Menschenraub und Entführung	67	20	47	3	64	26	41
	Davon:							
	Einfacher Kinderraub	38						
	Kinderraub zu gewinnsüchtigen oder unzüchtigen Zwecken	2						
	Entführung	27						

Noch: Detailliertes Verzeichnis der Verbrechen und Vergehen gegen Reichsgesetze für die Übersichtstafeln 1 bis 4 des reichskriminalstatistischen Atlasses.

Nummern und Buchstaben der Übersichtstafeln 1—4	Art der strafbaren Handlungen (Verbrechen und Vergehen gegen Reichsgesetze).	1. Die Gesamtzahl der wegen Verbrechen und Vergehen gegen Reichsgesetze verurteilten Personen	davon: 2. Zahl der weiblichen Verurteilten	2. Zahl der männlichen Verurteilten	3. Zahl der Jugendlichen (12 bis unter 18 Jahre alt)	3. Zahl der Erwachsenen (18 und mehr Jahre alt)	4. Zahl der Verurteilten mit Vorstrafen	4. Zahl der Erstbestraften
XII.	**Begünstigung und Hehlerei. Insgesamt** . .	**10 098**	**2 907**	**7 191**	**1 338**	**8 760**	**4 748**	**5 350**
a)	Einfache Hehlerei	**8 936**	2 582	6 354	1 238	7 698	4 191	4 745
b)	Begünstigung	**905**	262	643	99	806	388	517
c)	Andere Fälle	**257**	63	194	1	256	169	88
	Davon:							
	1. Gewerbs- od. gewohnheitsmäßige Hehlerei	**186**	46	140	.	186	98	88
	2. Hehlerei im wiederholten Rückfalle	**71**	17	54	1	70	71	.
XIII.	**Urkundenfälschung. Insgesamt** . .	**7 035**	**1 160**	**5 875**	**786**	**6 249**	**3 405**	**3 630**
a)	Fälschung öffentlicher oder zum Beweise von Rechten dienender Urkunden	**6 772**	1 109	5 663	763	6 009	3 312	3 460
	Darunter:							
	Einfache Urkundenfälschung . . .	**998**						
	Urkundenfälschung aus Gewinnsucht oder in der Absicht zu schaden	**5 073**						
b)	Andere Fälle	**263**	51	212	23	240	93	170
	Davon:							
	1. Unterdrückung usw. von Urkunden	**76**	9	67	6	70	31	45
	2. Andere Fälle der Urkundenfälschung	**187**	42	145	17	170	62	125
	Darunter:							
	Grenzfälschung	**20**						
	Verwendung schon einmal verwendeter Stempelmarken oder entwerteter Postmarken	**34**						
	Fälschung ärztlicher Zeugnisse .	**2**						
	Ausstellung unwahrer Zeugnisse durch Medizinalpersonen . . .	**1**						
	Gebrauch falscher oder unwahrer ärztlicher Zeugnisse	**1**						
XIV.	**Gemeingefährliche Verbrechen und Vergehen. Insgesamt** . .	**6 835**	**708**	**6 127**	**675**	**6 160**	**2 162**	**4 673**
a)	Fahrlässige Gefährdung eines Eisenbahntransports	**2 583**	15	2 568	83	2 500	892	1 691
b)	Fahrlässige Brandstiftung	**1 381**	210	1 171	377	1 004	238	1 143
c)	Herstellung und Feilhalten gesundheitsschädlicher Nahrungsmittel und Gebrauchsgegenstände	**1 288**	255	1 033	14	1 274	424	864

Noch: Detailliertes Verzeichnis der Verbrechen und Vergehen gegen Reichsgesetze für die Übersichtstafeln 1 bis 4 des reichskriminalstatistischen Atlasses.

Nummern und Buchstaben der Übersichtstafeln 1—4	Art der strafbaren Handlungen (Verbrechen und Vergehen gegen Reichsgesetze).	1. Die Gesamtzahl der wegen Verbrechen und Vergehen gegen Reichsgesetze verurteilten Personen	davon 2. Zahl der weiblichen Verurteilten	davon 2. Zahl der männlichen Verurteilten	davon 3. Zahl der Jugendlichen (12 bis unter 18 Jahre alt)	davon 3. Zahl der Erwachsenen (18 und mehr Jahre alt)	davon 4. Zahl der Verurteilten mit Vorstrafen	davon 4. Zahl der Erstbestraften
d)	Andere Fälle	**1 583**	228	1 355	201	1 382	608	975
	1. Vorsätzliche Brandstiftung	**446**	78	368	137	309	203	243
	2. Vorsätzliche Gefährdung eines Eisenbahntransports	**23**	.	23	11	12	5	18
	3. Wissentliche Verletzung von Absperrungsmaßregeln bei Viehseuchen insbesondere von Einfuhrverboten zur Abwehr der Rinderpest, sowie der Vorschriften über die Beseitigung von Ansteckungsstoffen bei Viehbeförderung auf Eisenbahnen; vorsätzliches Ingebrauchnehmen usw. von zur Verbreitung gemeingefährlicher Krankheiten geeigneten Gegenständen vor erfolgter Desinfektion; Verletzung der zur Bekämpfung der Reblaus erlassenen gesetzlichen Vorschriften usw.	884	133	751	18	866	320	564
	4. Andere gemeingefährliche Verbrechen und Vergehen	**222**	17	205	34	188	74	148
	5. Gefährdung durch Anwendung von Sprengstoffen und Vorbereitungshandlungen dazu	8	.	8	1	7	6	2
XV.	**Verbrechen und Vergehen wider das Leben. Insgesamt**	**2 114**	**1 174**	**940**	**162**	**1 952**	**471**	**1 643**
a)	Abtreibung	**1 030**	824	206	52	978	175	855
	Darunter: Tötung der Leibesfrucht ohne Wissen und Willen der Schwangeren durch Dritte	**1**						
b)	Fahrlässige Tötung	**612**	136	476	61	551	141	471
	Davon: Einfache fahrlässige Tötung	**310**						
	Fahrlässige Tötung unter Verletzung einer Amts-, Berufs- oder Gewerbspflicht	**302**						
c)	Andere Fälle	**472**	214	258	49	423	155	317
	Davon: 1. Mord	**96**	12	84	18	78	42	54
	2. Totschlag	**193**	23	170	13	180	97	96

Noch: Detailliertes Verzeichnis der Verbrechen und Vergehen gegen Reichsgesetze für die Übersichtstafeln 1 bis 4 des reichskriminalstatistischen Atlasses.

Nummern und Buchstaben der Übersichtstafeln 1—4	Art der strafbaren Handlungen (Verbrechen und Vergehen gegen Reichsgesetze).	1. Die Gesamtzahl der wegen Verbrechen und Vergehen gegen Reichsgesetze verurteilten Personen	davon 2. Zahl der weiblichen Verurteilten	davon 2. Zahl der männlichen Verurteilten	davon 3. Zahl der Jugendlichen (12 bis unter 18 Jahre alt)	davon 3. Zahl der Erwachsenen (18 und mehr Jahre alt)	davon 4. Zahl der Verurteilten mit Vorstrafen	davon 4. Zahl der Erstbestraften
	Darunter:							
	Totschlag unter mildernden Umständen	**77**						
	Totschlag bei Unternehmung einer strafbaren Handlung um Hindernisse zu beseitigen oder um der Ergreifung zu entgehen	**13**						
	Totschlag an Verwandten aufsteigender Linie	**2**						
	3. Tötung auf Verlangen	**3**	.	3	.	3	1	2
	4. Kindesmord	**159**	159	.	18	141	9	150
	5. Aussetzung	**21**	20	1	.	21	6	15
XVI.	**Raub und Erpressung.**							
	Insgesamt	**1 410**	**116**	**1 294**	**192**	**1 218**	**868**	**542**
a)	Raub und räuberische Erpressung auch im Rückfalle	**675**	12	663	128	547	462	213
b)	Erpressung	**735**	104	631	64	671	406	329
	Davon:							
	Einfache Erpressung	**686**						
	Erpressung durch Bedrohung mit Mord, Brandstiftung oder Überschwemmung	**49**						
XVII.	**Verbrechen und Vergehen im Amte.**							
	Insgesamt	**1 174**	**65**	**1 109**	**17**	**1 157**	**240**	**934**
	1. Aktive Bestechung	**338**	54	284	6	332	133	205
	Davon:							
	Bestechung eines nicht richterlich. Beamten	**337**						
	Bestechung eines Richters	**1**						
	2. Passive Bestechung	**50**	1	49	.	50	6	44
	Davon:							
	Pflichtwidrige Geschenkannahme durch Beamte	**17**						
	Bestechlichkeit auf Seiten eines nicht richterlichen Beamten	**33**						
	3. Unterschlagung im Amte	**372**	5	367	8	364	28	344
	4 Andere Verbrechen und Vergehen im Amte	**414**	5	409	3	411	73	341
XVIII.	**Verletzung der Eidespflicht.**							
	Insgesamt	**989**	**292**	**697**	**46**	**943**	**486**	**503**
a)	Meineid	**480**	146	334	39	441	218	262

Noch: Detailliertes Verzeichnis der Verbrechen und Vergehen gegen Reichsgesetze für die Übersichtstafeln 1 bis 4 des reichskriminalstatistischen Atlasses.

Nummern und Buchstaben der Übersichtstafeln 1—4	Art der strafbaren Handlungen (Verbrechen und Vergehen gegen Reichsgesetze).	1. Die Gesamtzahl der wegen Verbrechen und Vergehen gegen Reichsgesetze verurteilten Personen	davon 2. Zahl der weiblichen Verurteilten	davon 2. Zahl der männlichen Verurteilten	davon 3. Zahl der Jugendlichen (12 bis unter 18 Jahre alt)	davon 3. Zahl der Erwachsenen (18 und mehr Jahre alt)	davon 4. Zahl der Verurteilten mit Vorstrafen	davon 4. Zahl der Erstbestraften
	Davon:							
	Meineid der Partei	**36**						
	Meineid der Partei im Falle rechtzeitigen Widerrufs	**2**						
	Meineid des Zeugen oder Sachverständigen	**213**						
	Meineid des Zeugen oder Sachverständigen zur Vermeidung der Selbstbezichtigung	**214**						
	Meineid des Zeugen oder Sachverständigen im Falle rechtzeitigen Widerrufs	**15**						
b)	Fahrlässiger Falscheid	**259**	78	181	3	256	118	141
	Darunter:							
	Fahrlässige falsche Versicherung an Eidesstatt	**26**						
c)	Andere Fälle	**250**	68	182	4	246	150	100
	Davon:							
	Versuchte Verleitung zum Meineide	**192**						
	Versuchte Verleitung zu wissentlich falscher Versicherung an Eidesstatt	**2**						
	Verleitung zu Ableistung eines falschen Eides	**11**						
	Verleitung zu Abgabe einer falschen Versicherung an Eidesstat	**2**						
	Wissentlich falsche Versicherung an Eidesstatt	**42**						
	Wissentlich falsche Versicherung an Eidesstatt zur Vermeidung der Selbstbezichtigung	**1**						
XIX.	**Bankrott. Insgesamt**	**868**	**59**	**809**	**1**	**867**	**205**	**663**
a)	Einfacher Bankrott	**731**	39	692	.	731	167	564
b)	Andere Fälle	**137**	20	117	1	136	38	99
	Davon:							
	1. Betrüglicher Bankrott	**75**	11	64	.	75	24	51
	2. Andere Verbrechen und Vergehen auf ein Konkursverfahren	**62**	9	53	1	61	14	48
XX.	**Falsche Anschuldigung. Insgesamt**	**406**	**109**	**297**	**24**	**382**	**268**	**138**

Noch: Detailliertes Verzeichnis der Verbrechen und Vergehen gegen Reichsgesetze für die Übersichtstafeln 1 bis 4 des reichskriminalstatistischen Atlasses.

Nummern und Buchstaben der Übersichtstafeln 1—4	Art der strafbaren Handlungen (Verbrechen und Vergehen gegen Reichsgesetze).	1. Die Gesamtzahl der wegen Verbrechen und Vergehen gegen Reichsgesetze verurteilten Personen	davon 2. Zahl der weiblichen Verurteilten	2. Zahl der männlichen Verurteilten	3. Zahl der Jugendlichen (12 bis unter 18 Jahre alt)	3. Zahl der Erwachsenen (18 und mehr Jahre alt)	4. Zahl der Verurteilten mit Vorstrafen	4. Zahl der Erstbestraften
XXI.	**Münzverbrechen und Münzvergehen. Insgesamt. .**	**253**	31	**222**	**12**	**241**	**124**	**129**
a)	Münzverbrechen	**148**	11	137	6	142	85	63
b)	Münzvergehen	**105**	20	85	6	99	39	66
	Darunter:							
	Weitergabe von falschem Gelde nach erkannter Unechtheit . .	**103**						
XXII.	**Vergehen, welche sich auf die Religion beziehen. Insgesamt. .**	**193**	**16**	**177**	**26**	**167**	**95**	**98**
	Davon:							
	Gotteslästerung, Beschimpfung von Religionsgemeinschaften, beschimpfender Unfug in der Kirche	**94**						
	Störung des Gottesdienstes . . .	**79**						
	Unbefugte Wegnahme einer Leiche, Grabschändung	**20**						
XXIII.	**Zweikampf. Insgesamt. .**	**98**	**1**	**97**	.	**98**	**9**	**89**
	Davon:							
	Herausforderung zum Zweikampfe	**21**						
	Kartelltragen	**15**						
	Zweikampf ohne tödlich. Ausgang	**62**						
	Zweikampf mit tödlichem Ausgange § 206	**0**						
XXIV.	**Verbrechen und Vergehen in Beziehung auf den Personenstand. Insgesamt. .**	**80**	**26**	**54**	.	**80**	**32**	48
XXV.	**Majestätsbeleidigung. Insgesamt**	**12**	.	**12**	.	**12**	**6**	**6**
XXVI.	**Hochverrat u. Landesverrat. Feindliche Handlungen geg. befreundete Staaten. Verbrechen u. Vergehen in Beziehung auf die Ausübung staatsbürgerlicher Rechte. Vorsätzliche Zuwiderhandlg. geg. das Gesetz betr. den Verrat militärischer Geheimnisse. Insgesamt**	**10**	**3**	**7**	.	**10**	**3**	**7**
	Davon:							
	Wahlfälschung	**4**						
	Wahlbestechung	**0**						
	Verrat militärischer Geheimnisse § 1 des Gesetzes gegen den Verrat militärischer Geheimnisse vom 3. Juli 1893	**5**						
	Auskundschaftung militärischer Geheimnisse	**1**						

Reichskriminalstatistischer Atlas

in 10 Übersichtstafeln

für das Jahr 1909.

I.
Körperverletzung.
124448 Verurteilte.
(111705 Handlungen.)

a) Leichte Körperverletzung.
b) Gefährliche Körperverletzung.
c) Fahrlässige Körperverletzung.
d) Andere Fälle und zwar:
   α) Schwere Körperverletzung.
   β) Beteiligung an einer Schlägerei, welche Tod oder schwere Körperverletzung zur Folge hatte.
   γ) Vergiftung.

II.
Diebstahl.
115418 Verurte…
(131752 Handl…)

a) Einfacher Diebstahl.
b) Einfacher Diebstahl im wi…
c) Schwerer Diebstahl.
d) Schwerer Diebstahl im wie…

XII.
Begünstigung und Hehlerei.
10098 Verurteilte.

XIII.
Urkundenfälschung.
7035 Verurteilte.

XIV.
Gemeingefährliche Verbrechen und Vergehen.
6835 Verurteilte.

Die Kriminalität nach Delik

Insgesamt: 54418

(Insgesamt: 636853 veru

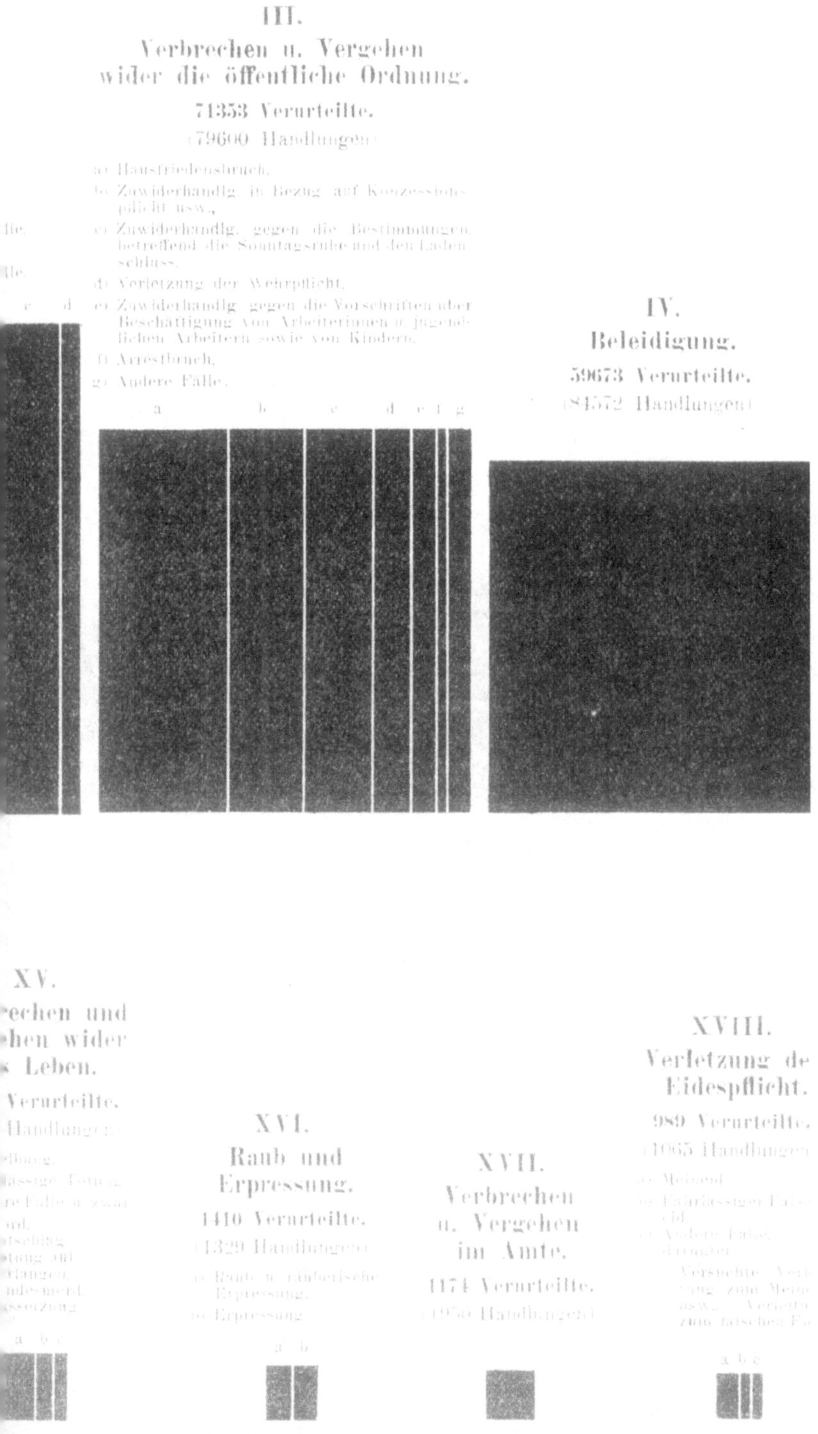

(ktsarten im Jahre 1909.

3 Verurteilte.

rteilte Handlungen.

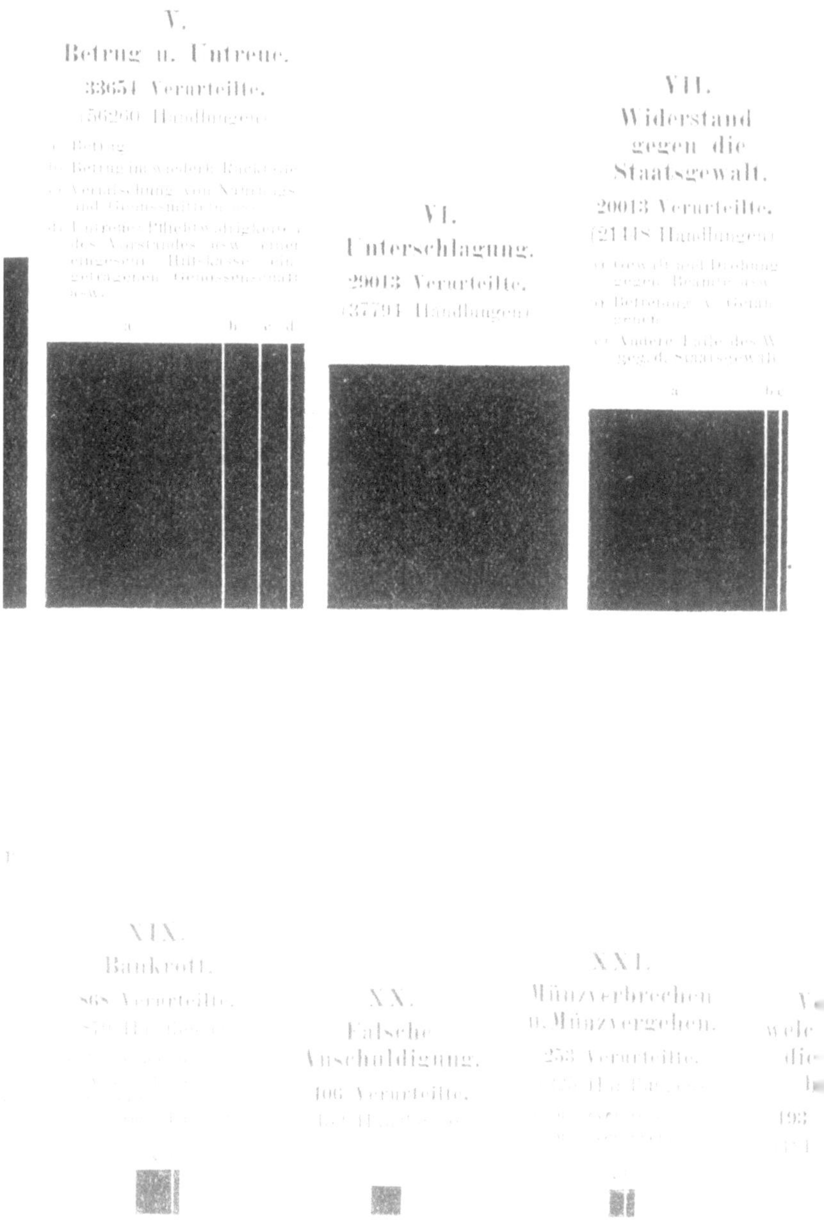

Tafel 1.

Kriminalität nach Deliktsarten.

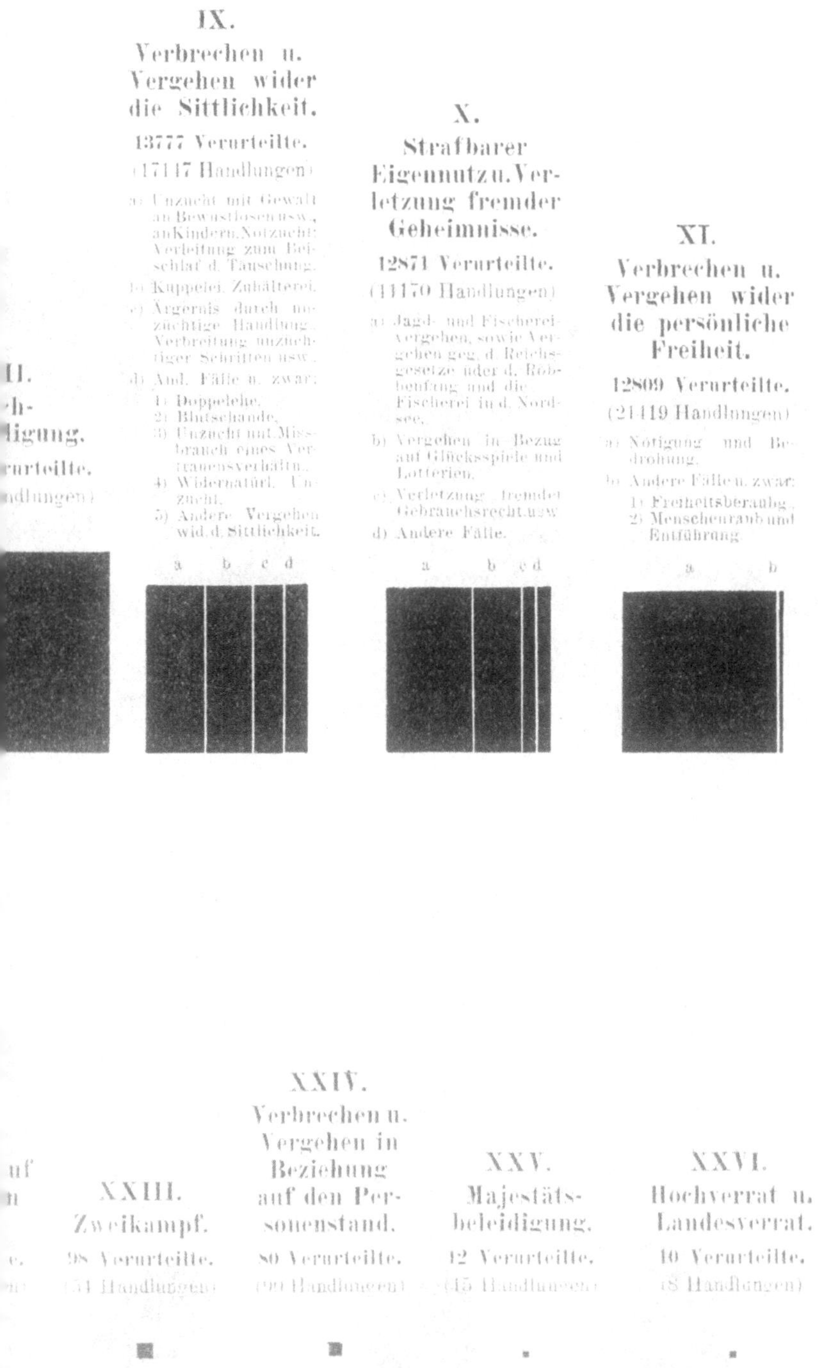

I.
Körperverletzung.

114816 männl. } Verurteilte
9632 weibl. }

a) Leichte Körperverletzung,
b) Gefährliche Körperverletzung,
c) Fahrlässige Körperverletzung,
d) Andere Fälle und zwar:
   1) Schwere Körperverletzung,
   2) Beteiligung an einer Schlägerei, welche Tod oder schwere Körperverletzung zur Folge hatte,
   3) Vergiftung.

II.
Diebstahl.

91454 männl. } Veru
23964 weibl. }

a) Einfacher Diebstahl,
b) Einfacher Diebstahl im wied
c) Schwerer Diebstahl,
d) Schwerer Diebstahl im wied

XII.
Begünstigung und Hehlerei.

7191 männl. } Verurteilte
2907 weibl. }

a) Einfache Hehlerei,
b) Begünstigung,
c) Andere Fälle u. zwar:
   1) Gewerbs- od. gewohnheitsmassige Hehlerei,
   2) Hehlerei i. wiederholt. Rückfalle.

XIII.
Urkundenfälschung.

5875 männl. } Verurt.
1160 weibl. }

a) Fälschung öffentlich. oder zum Beweise v. Rechten dienender Urkunden,
b) Andere Fälle u. zwar:
   1) Unterdrückung usw. v. Urkunden,
   2) Andere Fälle der Urkundenfälschg.

XIV.
Gemeingefährliche Verbrechen und Vergehen.

6127 männl. } Verurteilte
708 weibl. }

a) Fahrlässige Gefährdung eines Eisenbahntransports,
b) Fahrlässige Brandstiftung,
c) Herstellung u. Feilhaltung gesundheitsschädlich. Nahrungsmittel u. Gebrauchsgegenstände,
d) Andere Fälle, darunter:
   1) Vorsätzl. Brandstiftung,
   2) Vorsätzl. Gefährdung eines Eisenbahntransports

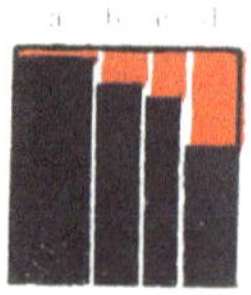

Die weibliche und männlic[

III.
Verbrechen u. Vergehen wider die öffentliche Ordnung.

59786 männl. } Verurteilte
11567 weibl. }

a) Hausfriedensbruch,
b) Zuwiderhandlg. in Bezug auf Konzessionspflicht usw.,
c) Zuwiderhandlg. gegen die Bestimmungen, betreffend die Sonntagsruhe und den Ladenschluss,
d) Verletzung der Wehrpflicht,
e) Zuwiderhandlg. gegen die Vorschriften über Beschäftigung von Arbeiterinnen u. jugendlichen Arbeitern sowie von Kindern,
f) Arrestbruch,
g) Andere Fälle.

IV.
Beleidigung.

43270 männl. } Verurt.
16403 weibl. }

XV.
…echen und …hen wider … Leben.

…nnl. } Verurt.
…ibl. }

…ibung.
…ässige Tötung.
…e Fälle u. zwar:
…rd.
…tschlag.
…tung auf …rlangen.
…ndesmord.
…ssetzung

XVI.
Raub und Erpressung.

1294 männl. } Verurt.
116 weibl. }

a) Raub u. räuberische Erpressung.
b) Erpressung.

XVII.
Verbrechen u. Vergehen im Amte.

1109 männl. } Verurt.
65 weibl. }

XVIII.
Verletzung de… Eidespflicht.

697 männl. } Veru…
292 weibl. }

a) Meineid.
b) Fahrlässiger Falsc… eid.
c) Andere Fälle, darunter:
Versuchte Verl…tung zum Mein… usw., Verleitu… zum falschen Ei…

he Kriminalität im Jahre 1909

Weibliche Kriminalität: [Insgesamt 85879 Verurteilte].

Männliche Kriminalität: [Insgesamt 458304 Verurteilte].

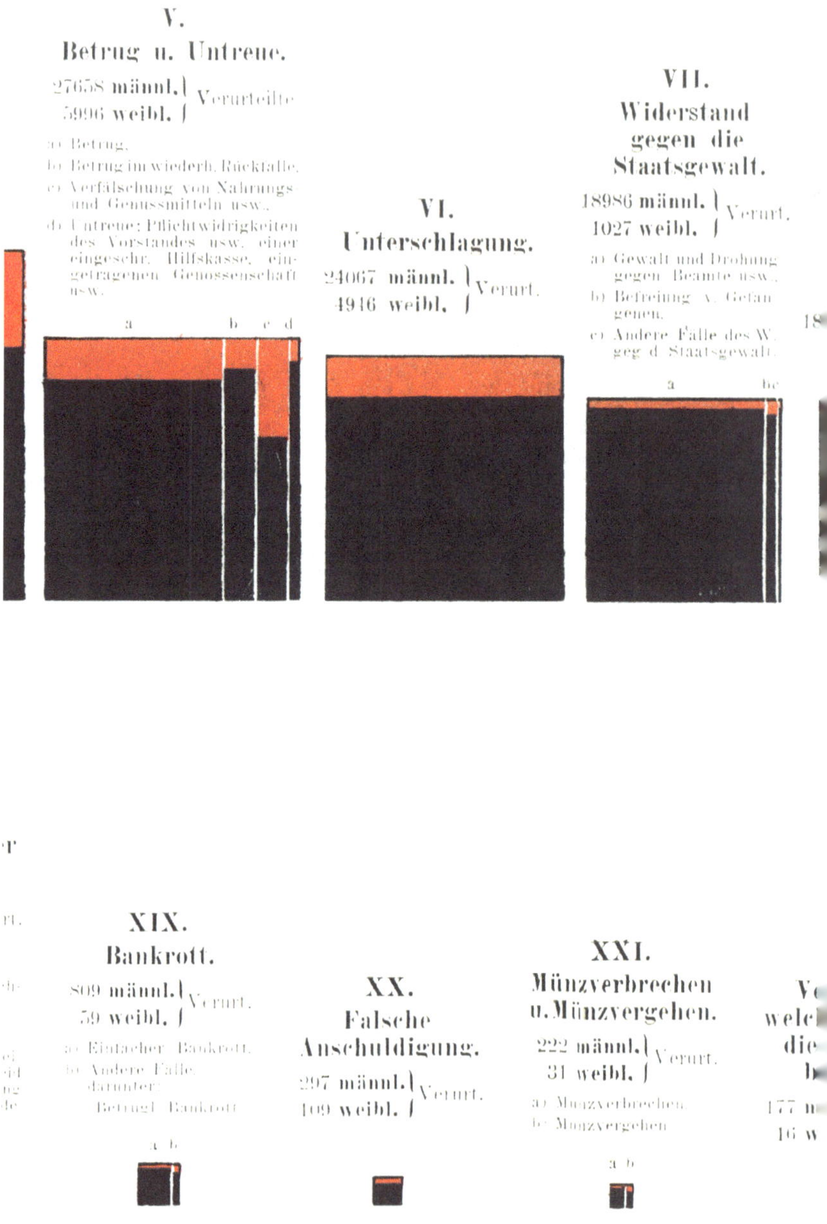

Tafel 2.

Weibliche u. männliche Kriminalität.

gung.

} Verurt.

IX.

Verbrechen u. Vergehen wider die Sittlichkeit.

10725 männl. } Verurt.
3052 weibl.

a) Unzucht mit Gewalt an Bewustlosen usw., an Kindern, Notzucht; Verleitung zum Beischlaf d. Täuschung.

b) Kuppelei, Zuhälterei.

c) Ärgernis durch unzüchtige Handlung., Verbreitung unzüchtiger Schriften usw.,

d) And. Fälle u. zwar:
1) Doppelehe,
2) Blutschande,
3) Unzucht unt. Missbrauch eines Vertrauensverhältn.,
4) Widernatürl. Unzucht,
5) Andere Vergehen wid. d. Sittlichkeit.

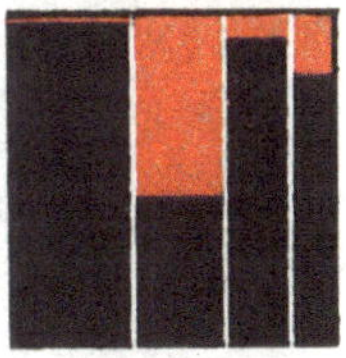

X.

Strafbarer Eigennutz u. Verletzung fremder Geheimnisse.

11976 männl. } Verurt.
895 weibl.

a) Jagd- und Fischereivergehen, sowie Vergehen geg. d. Reichsgesetze üder d. Robbenfang und die Fischerei in d. Nordsee,

b) Vergehen in Bezug auf Glücksspiele und Lotterien,

c) Verletzung fremder Gebrauchsrecht usw.

d) Andere Fälle.

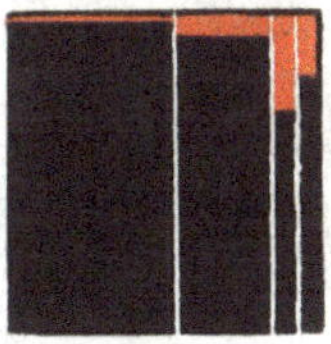

XI.

Verbrechen u. Vergehen wider die persönliche Freiheit.

12065 männl. } Verurt.
744 weibl.

a) Nötigung und Bedrohung,

b) Andere Fälle u. zwar:
1) Freiheitsberaubg.,
2) Menschenraub und Entführung.

uf

rt.

XXIII.

Zweikampf.

97 männl. } Verurt.
1 weibl.

XXIV.

Verbrechen u. Vergehen in Beziehung auf den Personenstand.

54 männl. } Verurt.
26 weibl.

XXV.

Majestätsbeleidigung.

12 männl. } Verurt.
0 weibl.

XXVI.

Hochverrat u. Landesverrat.

7 männl. } Verurt.
3 weibl.

I.
Körperverletzung.

8139 Jugendliche.
116309 Erwachsene.

a) Leichte Körperverletzung.
b) Gefährliche Körperverletzung.
c) Fahrlässige Körperverletzung.
d) Andere Fälle und zwar:
  1) Schwere Körperverletzung.
  2) Beteiligung an einer Schlägerei, welche Tod oder schwere Körperverletzung zur Folge hatte.
  3) Vergiftung.

II.
Diebstahl.

26115 Jugendli
89303 Erwachs

a) Einfacher Diebstahl.
b) Einfacher Diebstahl im wi
c) Schwerer Diebstahl.
d) Schwerer Diebstahl im wi

XII.
Begünstigung und Hehlerei.

1338 Jugendliche.
8760 Erwachsene.

a) Einfache Hehlerei.
b) Begünstigung.
c) Andere Fälle u. zwar:
  1) Gewerbs- od. gewohnheitsmässige Hehlerei,
  2) Hehlerei i. wiederholt Rückfalle.

XIII.
Urkundenfälschung.

786 Jugendliche.
6249 Erwachsene.

a) Fälschung öffentlich oder zum Beweise v. Rechten dienender Urkunden.
b) Andere Fälle u. zwar:
  1) Unterdrückung usw. v. Urkunden.
  2) Andere Fälle der Urkundenfälschg.

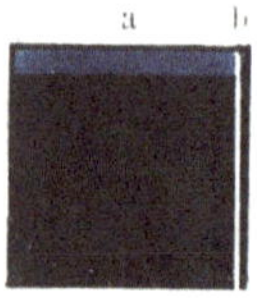

XIV.
Gemeingefährliche Verbrechen und Vergehen.

675 Jugendliche.
6160 Erwachsene.

a) Fahrlässige Gefährdung eines Eisenbahntransports.
b) Fahrlässige Brandstiftung.
c) Herstellung u. Feilhaltung gesundheitsschädlich. Nahrungsmittel u. Gebrauchsgegenstände.
d) Andere Fälle, darunter:
  1) Vorsätzl. Brandstiftung.
  2) Vorsätzl. Gefährdung eines Eisenbahntransports.

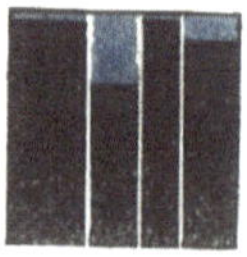

Kriminalität der Jugendlichen

III.
Verbrechen u. Vergehen wider die öffentliche Ordnung.

1539 Jugendliche.
69814 Erwachsene.

a) Hausfriedensbruch,
b) Zuwiderhandlg. in Bezug auf Konzessionspflicht usw.,
c) Zuwiderhandlg. gegen die Bestimmungen, betreffend die Sonntagsruhe und den Ladenschluss,
d) Verletzung der Wehrpflicht,
e) Zuwiderhandlg. gegen die Vorschriften über Beschäftigung von Arbeiterinnen u. jugendlichen Arbeitern sowie von Kindern,
f) Arrestbruch,
g) Andere Fälle.

alle,

alle.

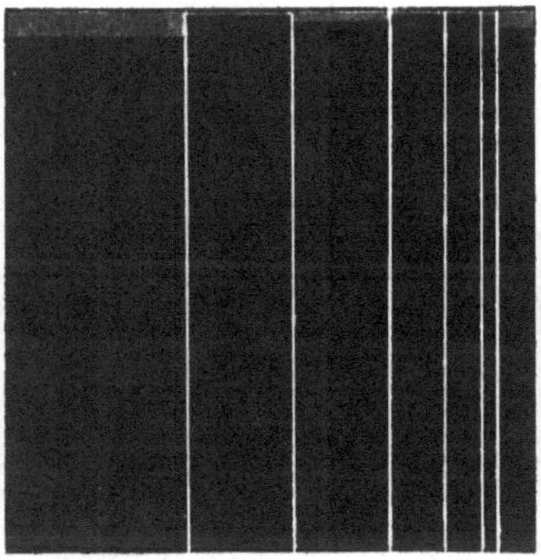

IV.
Beleidigung.

1116 Jugendliche.
58557 Erwachsene.

XV.
…rechen und …ehen wider …s Leben.

…Jugendliche.
…Erwachsene.

…ibung,
…lässige Tötung,
…re Fälle u. zwar
…ord,
…tschlag,
…tung auf
…erlangen,
…ndesmord,
…ssetzung

XVI.
Raub und Erpressung.

192 Jugendliche.
1218 Erwachsene.

a) Raub u. räuberische Erpressung,
b) Erpressung.

XVII.
Verbrechen u. Vergehen im Amte.

17 Jugendliche.
1157 Erwachsene.

XVIII.
Verletzung d… Eidespflicht

46 Jugendlich…
943 Erwachsen…

a) Meineid,
b) Fahrlässiger Fals…eid,
c) Andere Fälle, darunter:

Versuchte Ver…tung zum Mei… usw., Verleit… zum falschen E…

und Erwachsenen im Jahre 1

Kriminalität der Jugendlichen. (12 bis unter 18 Jahre alt) Ins

Kriminalität der Erwachsenen. (18 und mehr Jahre alt) Ins

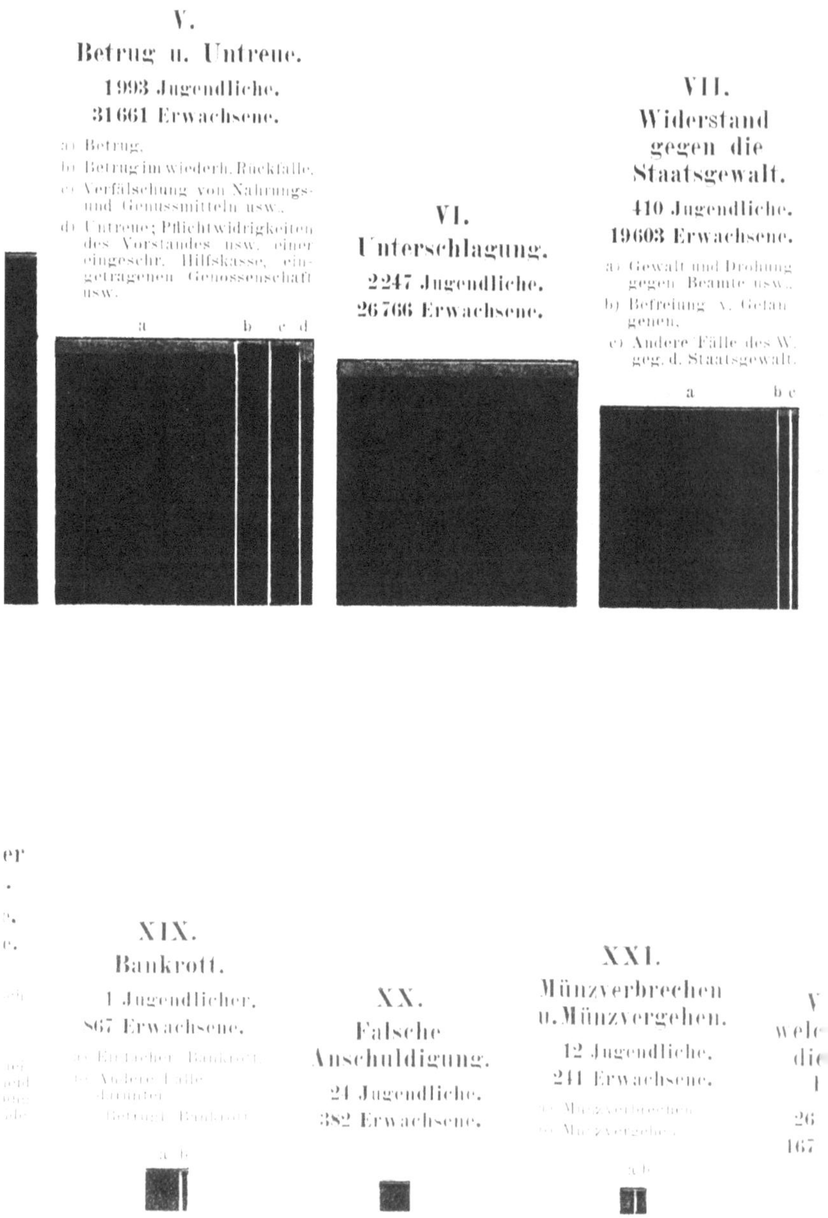

Tafel 3.

Kriminalität der Jugendlichen und Erwachsenen.

49696.
94487.

…I.
…h-
…igung.
…endliche.
…achsene.

IX.
Verbrechen u Vergehen wider die Sittlichkeit.

1141 Jugendliche.
12636 Erwachsene.

a) Unzucht mit Gewalt an Bewustlosen usw., an Kindern, Notzucht; Verleitung zum Beischlaf d. Täuschung.
b) Kuppelei, Zuhälterei.
c) Ärgernis durch unzüchtige Handlung., Verbreitung unzüchtiger Schriften usw.,
d) And. Fälle u. zwar:
1) Doppelehe,
2) Blutschande,
3) Unzucht unt. Missbrauch eines Vertrauensverhältn.,
4) Widernatürl. Unzucht,
5) Andere Vergehen wid. d. Sittlichkeit.

X.
Strafbarer Eigennutz u. Verletzung fremder Geheimnisse.

624 Jugendliche.
12247 Erwachsene.

a) Jagd- und Fischereivergehen, sowie Vergehen geg. d. Reichsgesetze über d. Robbenfang und die Fischerei in d. Nordsee,
b) Vergehen in Bezug auf Glücksspiele und Lotterien,
c) Verletzung fremder Gebrauchsrecht. usw.
d) Andere Fälle.

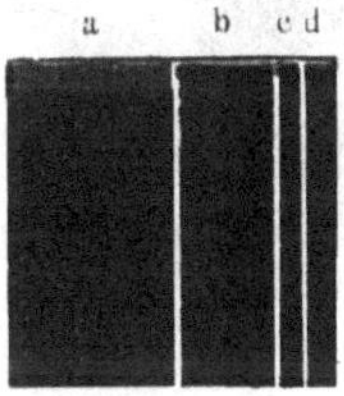

XI.
Verbrechen u. Vergehen wide… die persönlich… Freiheit.

337 Jugendliche.
12472 Erwachsene.

a) Nötigung und Be… drohung.
b) Andere Fälle u. zwa…
1) Freiheitsberaub…
2) Menschenraub un… Entführung.

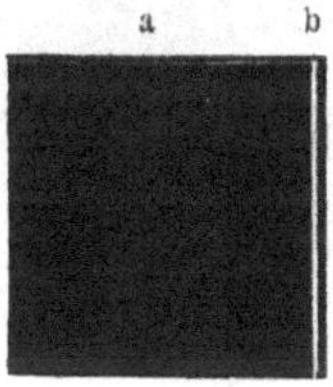

…uf
…
…e.
…e.

XXIII.
Zweikampf.

0 Jugendliche.
98 Erwachsene.

XXIV.
Verbrechen u Vergehen in Beziehung auf den Personenstand.

0 Jugendliche.
80 Erwachsene.

XXV.
Majestätsbeleidigung.

0 Jugendliche.
12 Erwachsene.

XXVI.
Hochverrat Landesverra…

0 Jugendlich…
10 Erwachsen…

I.
Körperverletzung.

55207 Vorbestrafte.
69241 Erstbestrafte.

a) Leichte Körperverletzung,
b) Gefährliche Körperverletzung,
c) Fahrlässige Körperverletzung,
d) Andere Fälle und zwar:
   1) Schwere Körperverletzung,
   2) Beteiligung an einer Schlägerei, welche Tod oder schwere Körperverletzung zur Folge hatte,
   3) Vergiftung.

II.
Diebstahl

58294 Vorbest
57124 Erstbest

a) Einfacher Diebstahl,
b) Einfacher Diebstahl im w
c) Schwerer Diebstahl,
d) Schwerer Diebstahl im w

XII.
Begünstigung und Hehlerei.

4748 Vorbestrafte.
5350 Erstbestrafte.

a) Einfache Hehlerei,
b) Begünstigung,
c) Andere Fälle u. zwar:
   1) Gewerbs- od. gewohnheitsmässige Hehlerei,
   2) Hehlerei i. wiederholt Rückfalle.

XIII.
Urkundenfälschung.

3405 Vorbestrafte.
3630 Erstbestrafte.

a) Fälschung öffentlich. oder zum Beweise v. Rechten dienender Urkunden.
b) Andere Fälle u. zwar:
   1) Unterdrückung usw. v. Urkunden,
   2) Andere Fälle der Urkundenfälschg.

XIV.
Gemeingefährliche Verbrechen und Vergehen.

2162 Vorbestrafte.
4673 Erstbestrafte.

a) Fahrlässige Gefährdung eines Eisenbahntransports,
b) Fahrlässige Brandstiftung,
c) Herstellung u. Feilhaltung gesundheitsschädlich. Nahrungsmittel u. Gebrauchsgegenstände,
d) Andere Fälle, darunter:
   1) Vorsätzl. Brandstiftung,
   2) Vorsätzl. Gefährdung eines Eisenbahntransports

Kriminalität nach Rückfall ur

alle.

alle.

c d

III.

Verbrechen u. Vergehen wider die öffentliche Ordnung.

27 228 Vorbestrafte.
44 125 Erstbestrafte.

a) Hausfriedensbruch,
b) Zuwiderhandlg. in Bezug auf Konzessionspflicht usw.,
c) Zuwiderhandlg. gegen die Bestimmungen, betreffend die Sonntagsruhe und den Ladenschluss,
d) Verletzung der Wehrpflicht,
e) Zuwiderhandlg. gegen die Vorschriften über Beschäftigung von Arbeiterinnen u. jugendlichen Arbeitern sowie von Kindern,
f) Arrestbruch,
g) Andere Fälle.

a b c d e f g

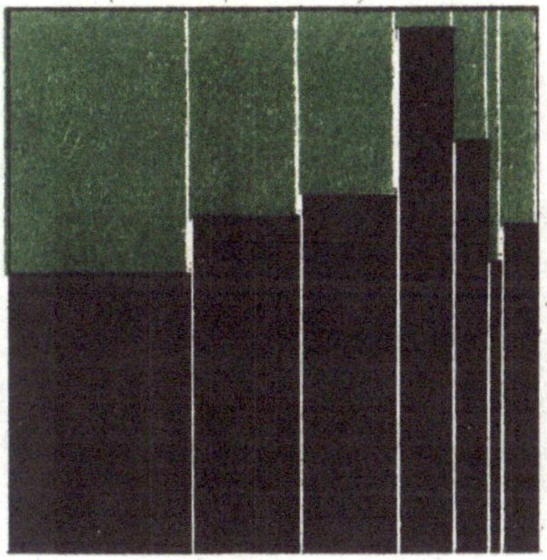

IV.

Beleidigung.

19079 Vorbestrafte.
40594 Erstbestrafte.

XV.

rechen und ehen wider s Leben.

Vorbestrafte.
Erstbestrafte.

eibung,
lässige Tötung,
ere Fälle u. zwar,
ord,
otschlag,
ötung auf
erlangen,
indesmord,
ussetzung.

a b c

XVI.

Raub und Erpressung.

868 Vorbestrafte.
542 Erstbestrafte.

a) Raub u. räuberische Erpressung,
b) Erpressung.

a b

XVII.

Verbrechen u. Vergehen im Amte.

240 Vorbestrafte.
934 Erstbestrafte.

XVIII.

Verletzung d Eidespflicht

486 Vorbestraft
503 Erstbestraf

a) Meineid,
b) Fahrlässiger Fal eid,
c) Andere Fälle, darunter:
Versuchte Ve tung zum Mei usw., Verleit zum falschen E

a b c

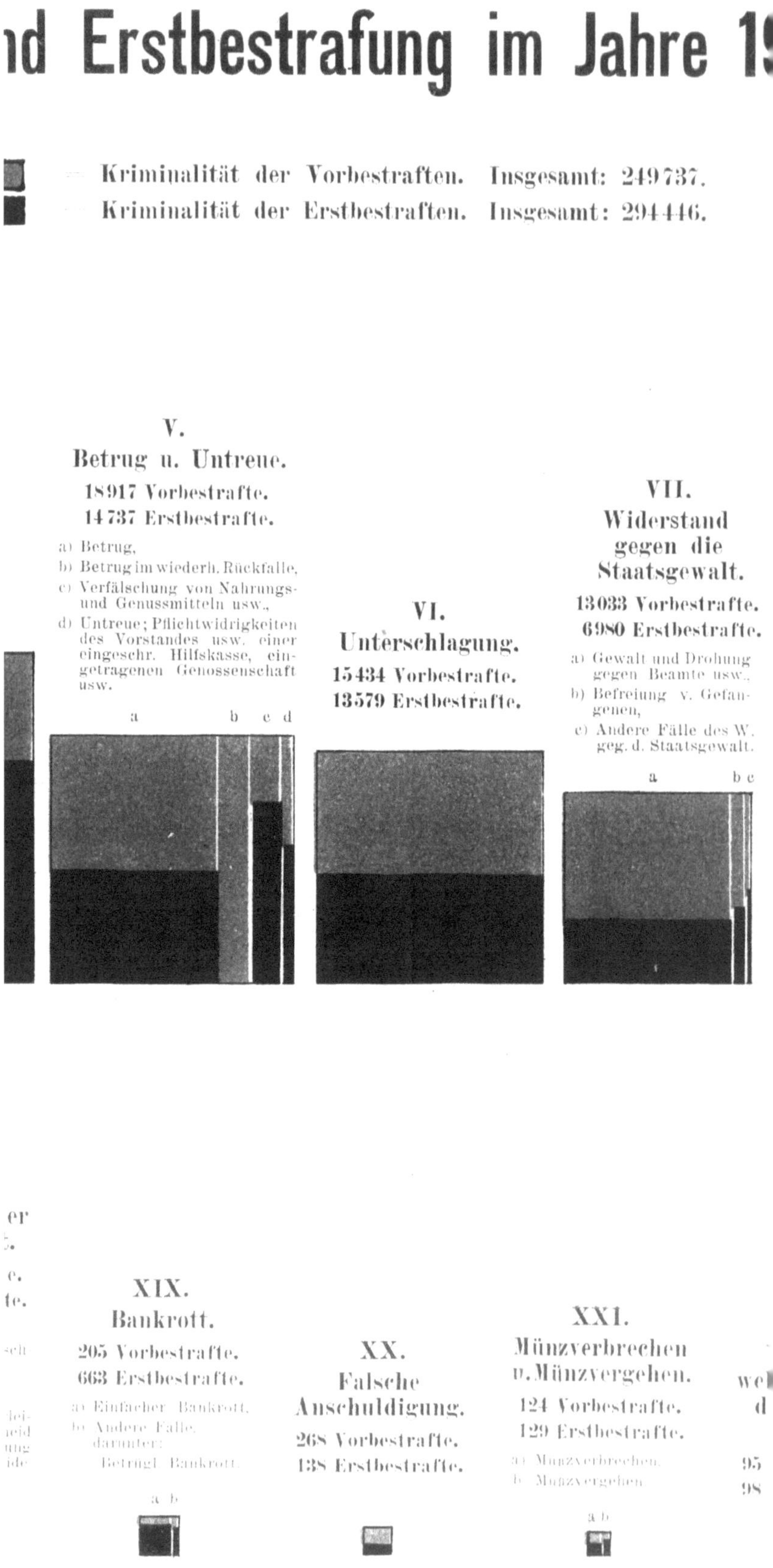
nd Erstbestrafung im Jahre 19
Kriminalität der Vorbestraften. Insgesamt: 249737.
Kriminalität der Erstbestraften. Insgesamt: 294446.
V.
Betrug u. Untreue.
18917 Vorbestrafte.
14737 Erstbestrafte.
a) Betrug,
b) Betrug im wiederh. Rückfalle,
c) Verfälschung von Nahrungs- und Genussmitteln usw.,
d) Untreue; Pflichtwidrigkeiten des Vorstandes usw. einer eingeschr. Hilfskasse, eingetragenen Genossenschaft usw.
a b c d
VI.
Unterschlagung.
15434 Vorbestrafte.
13579 Erstbestrafte.
VII.
Widerstand gegen die Staatsgewalt.
13033 Vorbestrafte.
6980 Erstbestrafte.
a) Gewalt und Drohung gegen Beamte usw.,
b) Befreiung v. Gefangenen,
c) Andere Fälle des W. geg. d. Staatsgewalt.
a b c
XIX.
Bankrott.
205 Vorbestrafte.
663 Erstbestrafte.
a) Einfacher Bankrott.
b) Andere Fälle, darunter:
Betrügl. Bankrott.
a b
XX.
Falsche Anschuldigung.
268 Vorbestrafte.
138 Erstbestrafte.
XXI.
Münzverbrechen u. Münzvergehen.
124 Vorbestrafte.
129 Erstbestrafte.
a) Münzverbrechen.
b) Münzvergehen.
a b
95
98

Tafel 4.

Kriminalität nach Rückfall und Erstbestrafung.

III.
ach-
ädigung.
rbestrafte.
stbestrafte.

IX.
Verbrechen u Vergehen wider die Sittlichkeit.

7386 Vorbestrafte.
6391 Erstbestrafte.

a) Unzucht mit Gewalt an Bewustlosen usw., an Kindern, Notzucht; Verleitung zum Beischlaf d. Täuschung,
b) Kuppelei, Zuhälterei,
c) Ärgernis durch unzüchtige Handlung., Verbreitung unzüchtiger Schriften usw.,
d) And. Fälle u. zwar:
1) Doppelehe,
2) Blutschande,
3) Unzucht unt. Missbrauch eines Vertrauensverhältn.,
4) Widernatürl. Unzucht,
5) Andere Vergehen wid. d. Sittlichkeit.

a b c d

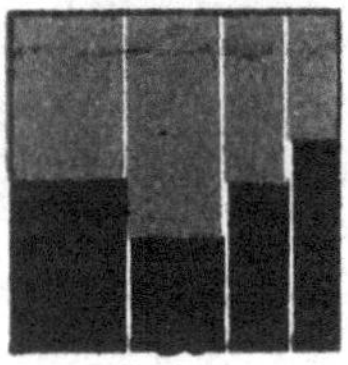

X.
Strafbarer Eigennutz u. Verletzung fremder Geheimnisse.

5396 Vorbestrafte.
7475 Erstbestrafte.

a) Jagd- und Fischereivergehen, sowie Vergehen geg. d. Reichsgesetze über d. Robbenfang und die Fischerei in d. Nordsee,
b) Vergehen in Bezug auf Glücksspiele und Lotterien,
c) Verletzung fremder Gebrauchsrecht.usw.
d) Andere Fälle.

a b c d

XI.
Verbrechen u. Vergehen wid die persönlich Freiheit.

7314 Vorbestraft
5495 Erstbestraft

a) Nötigung und B drohung,
b) Andere Fälle u. zw:
1) Freiheitsberaub
2) Menschenraub u Entführung.

a b

,
auf
on
.
fte.
fte.

XXIII.
Zweikampf.

9 Vorbestrafte.
89 Erstbestrafte.

XXIV.
Verbrechen u. Vergehen in Beziehung auf den Personenstand.

32 Vorbestrafte.
48 Erstbestrafte.

XXV.
Majestätsbeleidigung.

6 Vorbestrafte.
6 Erstbestrafte.

XXVI.
Hochverrat Landesverr

3 Vorbestraft
7 Erstbestraf

I.
Körperverletzung.
124448 Verurteilte.

Davon:

a) 12 bis unter 18 Jahre = 8139
b) 18 „ „ 30 „ = 68053
c) 30 „ „ 40 „ = 27689
d) 40 „ „ 50 „ = 13464
e) 50 Jahre und darüber = 7103

II.
Diebstahl.
115418 Verurteilte

Davon:

a) 12 bis unter 18 Jahre = [illegible]
b) 18 „ „ 30 „ = [illegible]
c) 30 „ „ 40 „ = [illegible]
d) 40 „ „ 50 „ = [illegible]
e) 50 Jahre und darüber = [illegible]

XII.
Begünstigung und Hehlerei.
10098 Verurteilte.

Davon:

a) 12 bis unt. 18 J. 1558
b) 18 „ „ 30 „ 3578
c) 30 „ „ 40 „ 2461
d) 40 „ „ 50 „ 1633
e) 50 Jahren u. d. 905

XIII.
Urkundenfälschung.
7035 Verurteilte.

Davon:

a) 12 bis unt. 18 J. 786
b) 18 „ „ 30 „ 3348
c) 30 „ „ 40 „ 1731
d) 40 „ „ 50 „ 819
e) 50 Jahren u. d. 351

XIV.
Gemeingefährliche Verbrechen und Vergehen.
6835 Verurteilte.

Davon:

a) 12 bis unt. 18 J. 675
b) 18 „ „ 30 „ 2237
c) 30 „ „ 40 „ 1742
d) 40 „ „ 50 „ 1170
e) 50 Jahren u. d. 1011

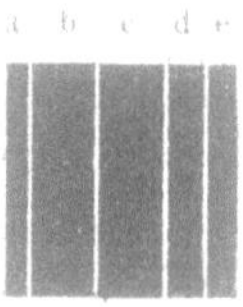

Die Kriminalität nach Alters

Insgesamt: 544 183 V

Davon:

a) 12 bis unter 18 Jahre
b) 18 „ „ 30 „
c) 30 „ „ 40 „
d) 40 „ „ 50 „
e) 50 Jahre und darüber

e

III.
Verbrechen und Vergehen wider die öffentliche Ordnung.

71353 Verurteilte.

Davon:

a) 12 bis unter 18 Jahre = 1539
b) 18 „ „ 30 „ = 29106
c) 30 „ „ 40 „ = 20240
d) 40 „ „ 50 „ = 12632
e) 50 Jahre und darüber = 7836

a b c d e

IV.
Beleidigung.

59673 Verurteilte.

Davon:

a) 12 bis unter 18 Jahre = 1116
b) 18 „ „ 30 „ = 16637
c) 30 „ „ 40 „ = 18687
d) 40 „ „ 50 „ = 13683
e) 50 Jahre und darüber = 9550

a b c d e

V.
hen und n wider .eben.

rurteilte.

on:

18 J. = 162
30 „ = 1119
40 „ = 480
50 „ = 225
. d. = 128

c d e

XVI.
Raub und Erpressung.

1410 Verurteilte.

Davon:

a) 12 bis unt. 18 J. = 192
b) 18 „ „ 30 „ = 725
c) 30 „ „ 40 „ = 317
d) 40 „ „ 50 „ = 115
e) 50 Jahre u. dar. = 61

a b c d e

XVII.
Verbrechen und Vergehen im Amte.

1174 Verurteilte.

Davon:

a) 12 bis unt. 18 J. = 17
b) 18 „ „ 30 „ = 436
c) 30 „ „ 40 „ = 347
d) 40 „ „ 50 „ = 221
e) 50 Jahre u. dar. = 153

a b c d e

XVIII.
Verletzung der Eidespflicht.

989 Verurteilte.

Davon:

a) 12 bis unt. 18 J. = 46
b) 18 „ „ 30 „ = 407
c) 30 „ „ 40 „ = 230
d) 40 „ „ 50 „ = 178
e) 50 Jahre u. dar. = 128

a b c d e

stufen im Jahre 1909.

Verurteilte.

alt = 49697
,, = 241174
,, = 133203
,, = 74984
alt = 45125

V.
Betrug und Untreue.
33654 Verurteilte.

Davon:

a) 12 bis unter 18 Jahre = 1993
b) 18 „ „ 30 „ = 14712
c) 30 „ „ 40 „ = 9476
d) 40 „ „ 50 „ = 4680
e) 50 Jahre und darüber = 2793

VI.
Unterschlagung.
29013 Verurteilte.

Davon:

a) 12 bis unt. 18 J. = 2247
b) 18 „ „ 30 „ = 13644
c) 30 „ „ 40 „ = 7832
d) 40 „ „ 50 „ = 3582
e) 50 Jahre u. dar. = 1708

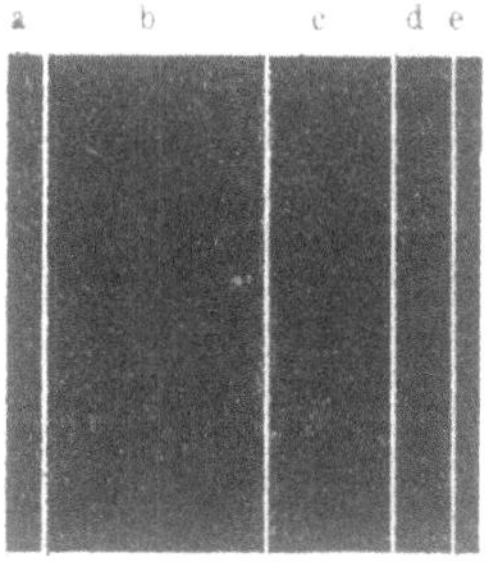

VII.
Widerstand gegen die Staatsgewalt.
20013 Verurteilte.

Davon:

a) 12 bis unt. 18 J. = 410
b) 18 „ „ 30 „ = 10653
c) 30 „ „ 40 „ = 5276
d) 40 „ „ 50 „ = 2494
e) 50 Jahre u. d. = 1180

XIX.
Bankrott.
868 Verurteilte.

Davon:

a) 12 bis unt. 18 J. = 1
b) 18 „ „ 30 „ = 278
c) 30 „ „ 40 „ = 320
d) 40 „ „ 50 „ = 180
e) 50 Jahre u. dar. = 89

XX.
Falsche Anschuldigung.
406 Verurteilte.

Davon:

a) 12 bis unt. 18 J. = 24
b) 18 „ „ 30 „ = 115
c) 30 „ „ 40 „ = 114
d) 40 „ „ 50 „ = 92
e) 50 Jahre u. dar. = 61

XXI.
Münzverbrechen u. Münzvergehen.
253 Verurteilte.

Davon:

a) 12 bis unt. 18 J. = 12
b) 18 „ „ 30 „ = 110
c) 30 „ „ 40 „ = 72
d) 40 „ „ 50 „ = 39
e) 50 Jahren u. dar. = 20

X
Ver
welche
die I
bezi
193 Ve

Tafel 5.

Kriminalität nach Altersstufen.

…gung.

…teilte.

…:

… = 2757
= 10467
= 3593
= 1746
= 1016

c d e

IX. Verbrechen und Vergehen wider die Sittlichkeit.

13777 Verurteilte.

Davon:

a) 12 bis unt. 18 J. = 1141
b) 18 „ „ 30 „ = 4915
c) 30 „ „ 40 „ = 3751
d) 40 „ „ 50 „ = 2295
e) 50 Jahre u. d. = 1675

a b c d e

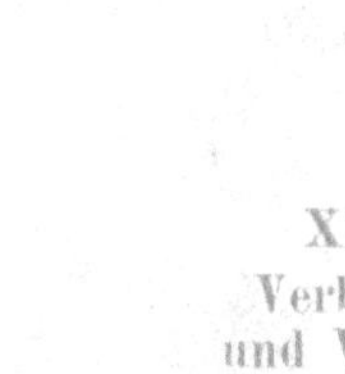

X. Strafbarer Eigennutz und Verletzung fremder Geheimnisse.

12871 Verurteilte.

Davon:

a) 12 bis unt. 18 J. = 624
b) 18 „ „ 30 „ = 4388
c) 30 „ „ 40 „ = 4152
d) 40 „ „ 50 „ = 2344
e) 50 Jahre u. d. = 1363

a b c d e

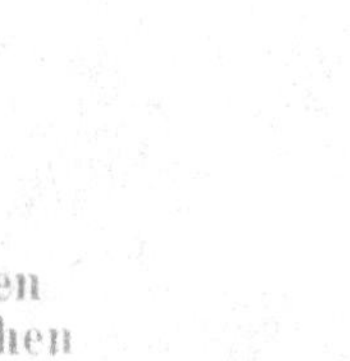

XI. Verbrechen und Vergehen wider die persönliche Freiheit.

12809 Verurteilte.

Davon:

a) 12 bis unt. 18 J. = 337
b) 18 „ „ 30 „ = 4902
c) 30 „ „ 40 „ = 3896
d) 40 „ „ 50 „ = 2344
e) 50 Jahre u. d. = 1330

a b c d e

XXIII. Zweikampf.

98 Verurteilte.

Davon:

b) 18 bis unt. 30 J. = 74
c) 30 „ „ 40 „ = 15
d) 40 „ „ 50 „ = 6
e) 50 Jahren u. dar. = 3

b c d e

XXIV. Verbrechen und Vergehen in Beziehung auf den Personenstand.

80 Verurteilte.

Davon:

b) 18 bis unt. 30 J. = 42
c) 30 „ „ 40 „ = 24
d) 40 „ „ 50 „ = 10
e) 50 Jahren u. dar. = 4

b c d e

XXV. Majestätsbeleidigung.

12 Verurteilte.

Davon:

b) 18 bis unt. 30 J. = 2
c) 30 „ „ 40 „ = 5
d) 40 „ „ 50 „ = 3
e) 50 Jahren u. dar. = 2

b c d e

XXVI. Hochverrat und Landesverrat.

10 Verurteilte.

Davon:

b) 18 bis unt. 30 J. = 2
c) 30 „ „ 40 „ = 5
d) 40 „ „ 50 „ = 1
e) 50 Jahren u. dar. = 2

b c d e

I.

Industrie, Bergbau und Bauwesen.

252700 Verurteilte.

Davon:

Selbständige und Geschäftsleiter	Gehülfen, Arbeiter, Tagelöhner (einschl. Dienstboten für gewerbliche Zwecke)	Angehörige
32007	196073	24620

Die Kriminalität nach Berufs

Insgesamt: 544183

II.
Handel und Verkehr.

103231 Verurteilte.

Davon:

lbständige und chäftsleiter	Gehülfen, Arbeiter, Tagelöhner (einschl. Dienstboten für Handels- usw. Zwecke)	Angehörige
44670	51701	6860

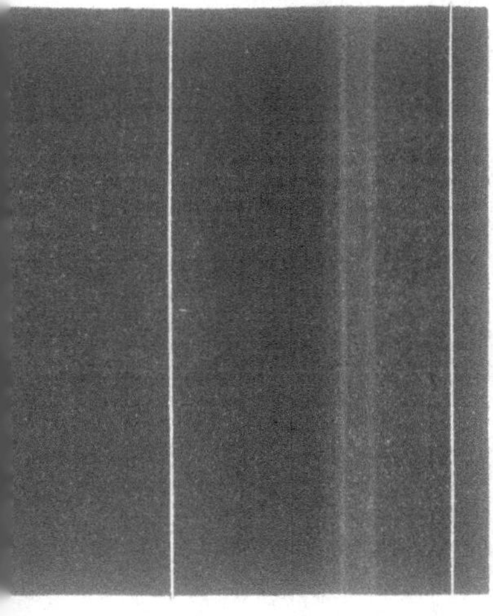

III.
Land- und Forstv
Jagd und Fis(

99900 Verurte

Davon:

Selbständige und Geschäftsleiter	Gehülfen Arbeiter, Tage (einschl. Diens f. landwirtscha Zwecke)
18201	74046

gruppen im Jahre 1909.

Verurteilte.

virtschaft.
cherei.

eilte.

IV.

Arbeiter, Tagelöhner, ohne Angabe eines bestimmten Erwerbszweigs.

55529 Verurteilte.

Davon:

Tafel 6.

Kriminalität nach Berufsgruppen.

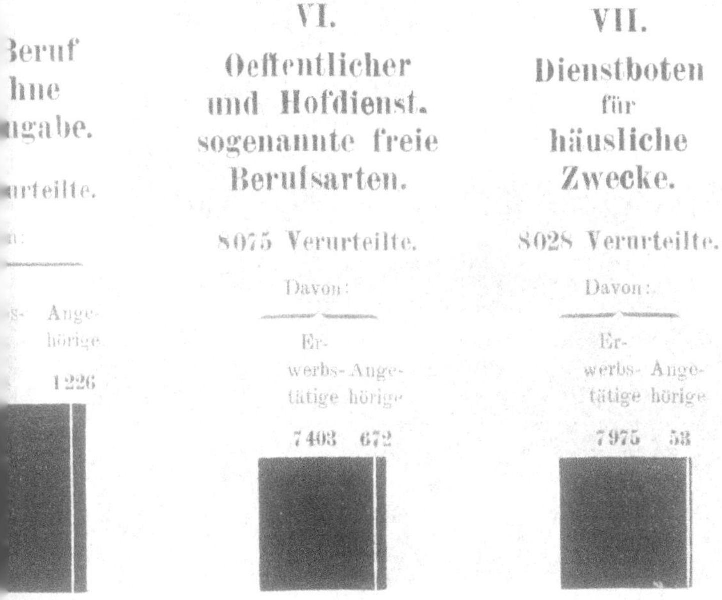

I.

Geldstrafe.

264773 Verurteilte.

…iminalität nach Strafarten un…

Insgesamt: 544 183 V…

II. Gefängnis.

256360 Verurteilte.

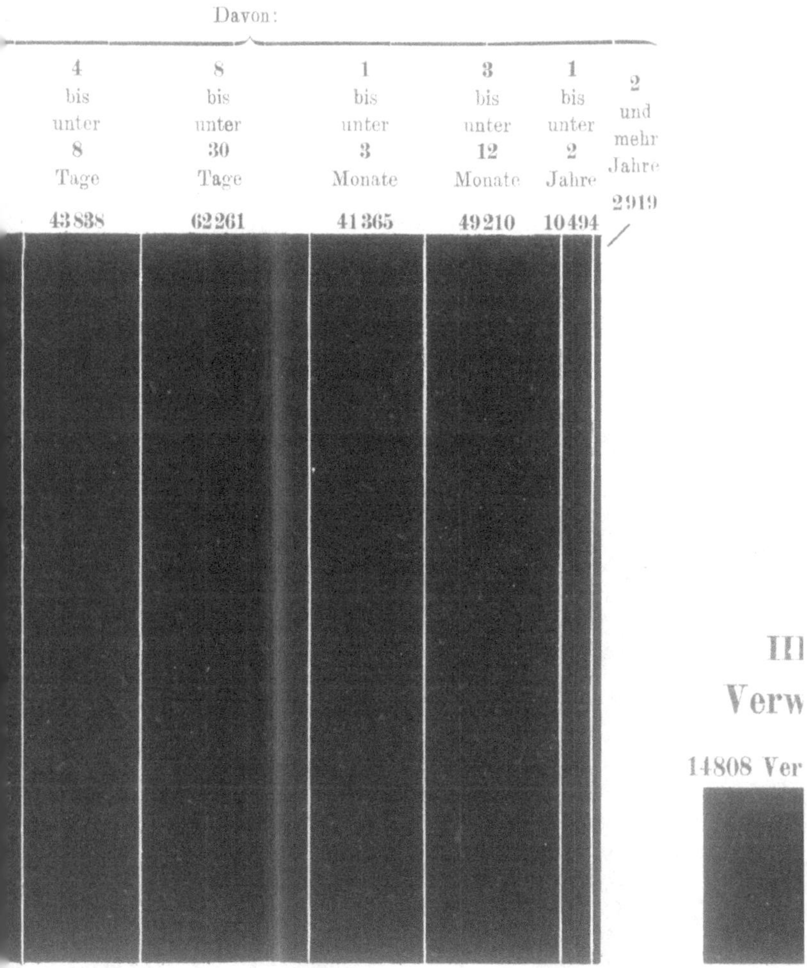

ıd Strafhöhe im Jahre 1909.

'erurteilte.

Anmerkung: Jede
(abge
gezä

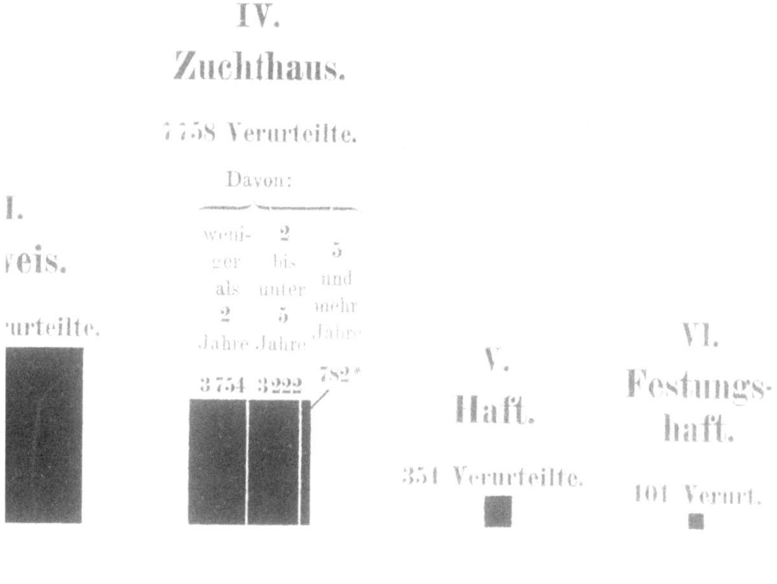

Tafel 7.

Kriminalität nach Strafarten und Strafhöhe.

te ist nur mit der schwersten Strafe
den Nebenstrafen, siehe VIII und IX)

Nebenstrafen.

VIII.
Verlust
der
bürgerlichen
Ehrenrechte.

12340 Verurt.

IX.
Zulässigkeit
von
Polizei-Aufsicht.

2115 Verurteilte.

I.
es-
fe.
urt.

Die monatliche

Erläuterung: Die
we

Verbrechen und Vergehen gegen Reichsgesetze überhaupt.

Verbre
öffe

1. Hochverr
2. Tätlichke
3. Widerst
4. Verbr. u.
5. Münzverb
6. Verletzun
7. Falsche A
8. Vergehen

chwankungen in der Häufigke

gegen Reichsgesetze nach dem Durc

en Säulen stehenden Zahlen sind Verhältniszahlen und geben
nschnittlich an jedem Tag im Jahr 100 Handlungen vor

I. Gruppe.

nd Vergehen gegen Staat. Ordnung und Religion.

Nämlich:

esverrat usw.,
eidigung gegen Kaiser, Landesherrn usw.,
e Staatsgewalt,
der die öffentl. Ordnung (Hausfriedensbruch
Münzvergehen,
espflicht,
g,
n auf die Religion beziehen.

II. Gru

Verbrechen u. Vergehe

Nämli

1. Verbrechen und Vergehen in B
2. Verbrechen und Vergehen wide

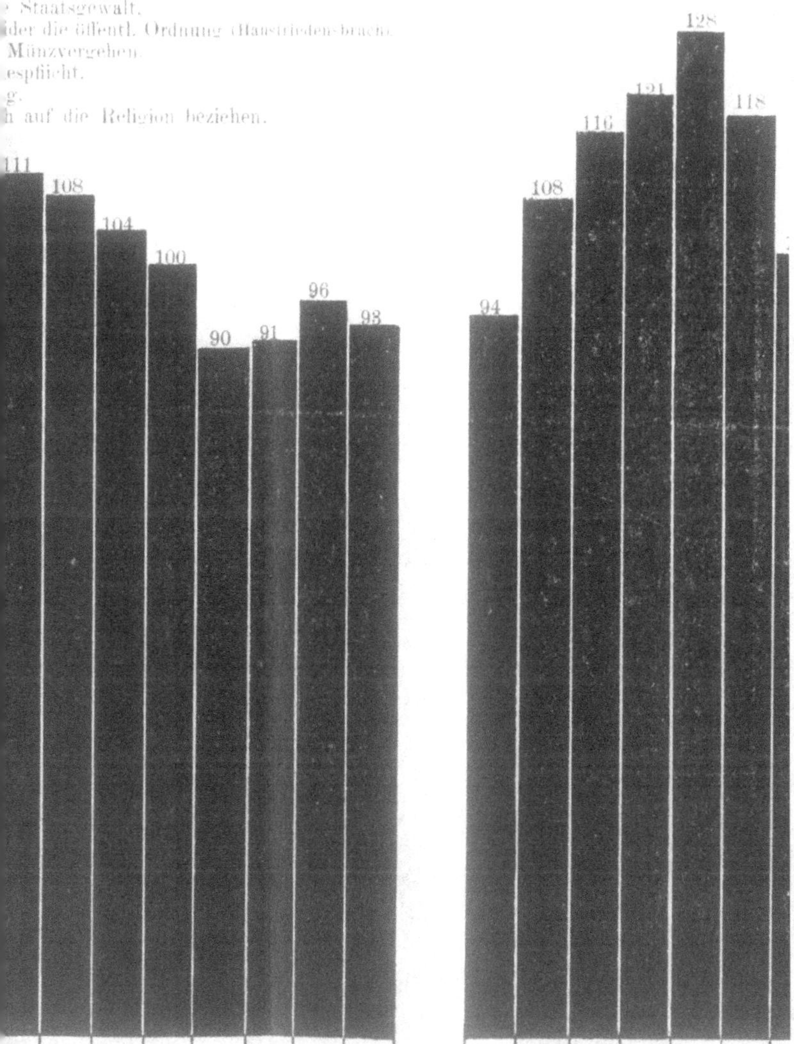

...it der Begehung von Verbrech...

...hschnitt der Jahre 1883 bis 1892.

... an. wieviel Handlungen durchschnittlich auf jeden Tag im b...
...kommen (siehe Statistik des Deutschen Reichs N. F. Bd. 83...

...uppe.

...en gegen die Person.

...ch:

...ziehung auf den Personenstand.
...r die Sittlichkeit.
3. Beleidigung.
4. Zweikampf.
5. Verbrechen u. Vergehen wider das Leben.
6. Körperverletzung.
7. Verbrechen u. Vergehen wider d. persönl. Freiheit.

III. Gruppe.

Verbrechen u. Vergehen gegen ...

Nämlich:

1. Diebstahl und Unterschlagung.
2. Raub und Erpressung.
3. Begünstigung und Hehlerei.
4. Betrug und Untreue.
5. Urkundenfälschung,
6. Bankrott.
7. Strafbarer Eigennutz und Verletzung fremd...
8. Sachbeschädigung.
9. Gemeingefährliche Verbrechen und Vergehen (Brandstiftung).

und Vergehen

Tafel 8.

Kriminalität nach Jahreszeiten.

len Monat entfallen,
erungen S. II 42 ff).

IV. Gruppe.

ögen. **Verbrechen und Vergehen im Amte.**

Nämlich:

1. Aktive Bestechung.
2. Passive Bestechung.
3. Unterschlagung im Amte.
4. Andere Verbrechen und Vergehen im Amte.

isse.

Die Krimin

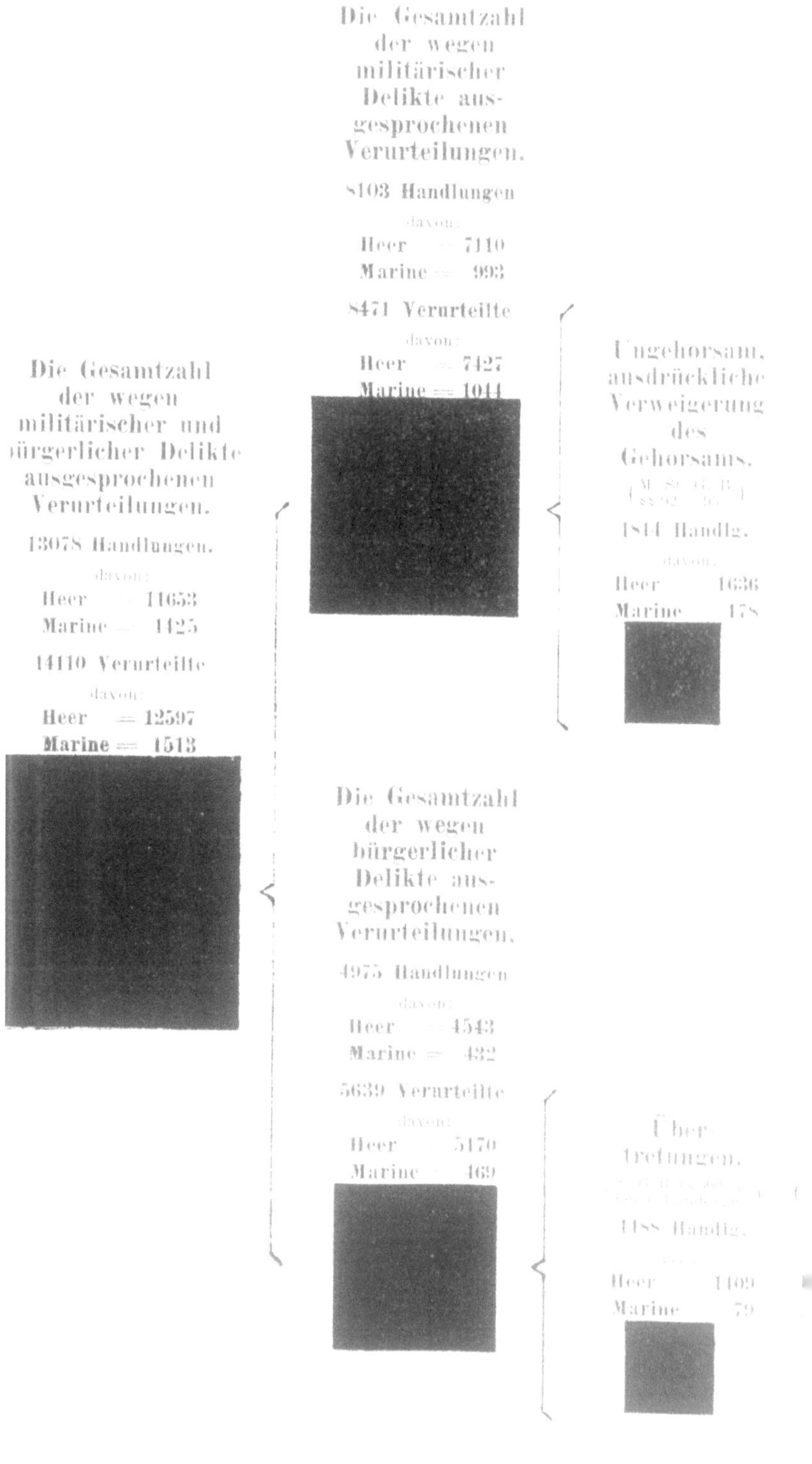

Die Gesamtzahl der wegen militärischer Delikte ausgesprochenen Verurteilungen.
8103 Handlungen
davon:
Heer = 7110
Marine = 993
8471 Verurteilte
davon:
Heer = 7427
Marine = 1044
Ungehorsam, ausdrückliche Verweigerung des Gehorsams.
1844 Handlg.
Heer 1636
Marine 178
Die Gesamtzahl der wegen militärischer und bürgerlicher Delikte ausgesprochenen Verurteilungen.
13078 Handlungen.
davon:
Heer = 11653
Marine = 1425
14110 Verurteilte
davon:
Heer = 12597
Marine = 1513
Die Gesamtzahl der wegen bürgerlicher Delikte ausgesprochenen Verurteilungen.
4975 Handlungen
davon:
Heer = 4543
Marine = 432
5639 Verurteilte
davon:
Heer = 5170
Marine = 469
Übertretungen.
1188 Handlg.
Heer 1109
Marine 79

..t des Deutschen Heeres und

Gesamtkopfzahl (Iststärke)
Gesamtkopfzahl (Iststärke)

Militärisch...

...bte
...ng.
...lg.
...1222
...290

Diebstahl. (M. St. G. B. § 138 Abs. 1 u. 2)
1234 Handlg.
davon:
Heer = 1070
Marine = 164

Achtungswidriges Betragen. (M. St. G. B. §§ 89, 90)
844 Handlg.
davon:
Heer = 768
Marine = 76

Fahnenflucht zurückgekehrter Personen. (M. St. G. B. §§ 69 ff.)
629 Handlg.
davon:
Heer = 566
Marine = 63

Unterschlagung. (M. St. G. B. § 138)
432 Handlg.
davon:
Heer = 365
Marine = 67

Bürgerliche

...ng.
...lg.
...1046
...332

Diebstahl. (St. G. B. §§ 242, 243)
404 Handlg.
davon:
Heer = 370
Marine = 34

Beleidigung. (St. G. B. §§ 185, 200)
253 Handlg.
davon:
Heer = 223
Marine = 30

Betrug. (St. G. B. §§ 263, 265)
206 Handlg.
davon:
Heer = 196
Marine = 10

Unterschlagung. (St. G. B. § 246)
197 Handlg.
davon:
Heer = 183
Marine = 14

der Kaiserlichen Marine im

des Heeres = 682 600
der Marine = 53 595

e Delikte.

Misshandlung von Untergebenen.
(M. St. G. B. §§ 122, 123)
368 Handlg.
davon:
Heer 347
Marine 21

Beleidigung u. vorschriftswidrige Behandlung von Untergebenen.
(M. St. G. B. § 121)
188 Handlg.
davon:
Heer 180
Marine 8

Beleidigung von Vorgesetzten.
(M. St. G. B. § 91)
174 Handlg.
davon:
Heer 148
Marine 26

Widersetzung.
(M. St. G. B. § 96)
107 Handlg.
davon:
Heer 95
Marine 12

Delikte.

Verbrechen u. Vergehen wider die öffentliche Ordnung.
[illegible]
168 Handlg.
davon:
Heer 116
Marine 22

Sachbeschädigung.
[illegible]
118 Handlg.
davon:
Heer 122
Marine 26

Urkundenfälschung.
[illegible]
114 Handlg.
davon:
Heer 103
Marine 11

Verbrechen u. Vergehen wider die persönliche Freiheit.
[illegible]
77 Handlg.
davon:
Heer 73
Marine 4

'e 1909.

Tafel 9.

Kriminalität des Heeres und der Marine.

t-
ng
hen,
dos
f
n.
B.
146)
lg.
90
10

Tätlicher Angriff gegen Vorgesetzte.
(M. St. G. B. § 97)
78 Handlg.
davon:
Heer = 57
Marine = 21

Beleidigung, Ungehorsam, Widersetzung gegen Wachen.
(M. St. G. B. § 111)
70 Handlg.
davon:
Heer = 62
Marine = 8

Andere Fälle.
553 Handlungen.
davon:
Heer = 504
Marine = 49

Darunter:

1. Selbstbeschädigung und Vorschützen von Gebrechen. (M. St. G. B. §§ 81-83) — Heer = 37, Marine = 1
2. Feigheit. (M. St. G. B. §§ 84 ff.) — Heer = 4, Marine = 0
3. Militärischer Aufruhr. (M. St. G. B. § 106-110) — Heer = 3, Marine = 1
4. Bestechung. (M. St. G. B. § 140) — Heer = 6, Marine = 0
5. Trunkenheit i. Dienste. (M. St. G. B. § 151) — Heer = 49, Marine = 6

hen
hen
lie
eit.
4-184)
lg.
65
10

Begünstigung u. Hehlerei.
(St. G. B. §§ 257-262)
56 Handlg.
davon:
Heer = 45
Marine = 11

Zweikampf.
(St. G. B. §§ 201-210)
46 Handg.
davon:
Heer = 45
Marine = 1

Andere Fälle.
365 Handlungen.
davon:
Heer = 279
Marine = 86

Darunter:

1. Verrat militärischer Geheimnisse. (Ges. v. 3. Juli 1893) — Heer = 1, Marine = 1
2. Brandstiftg. u. andere gemeingefährliche Verbr. u. Vergehen. (§§ 306 ff.) — Heer = 16, Marine = 0
3. Meineid. (St. G. B. §§ 153-163) — Heer = 18, Marine = 2
4. Raub u. Erpressung. (St. G. B. §§ 249-255) — Heer = 13, Marine = 2
5. Mord und Totschlag. (St. G. B. §§ 211-216) — Heer = 2, Marine = 0

Die r

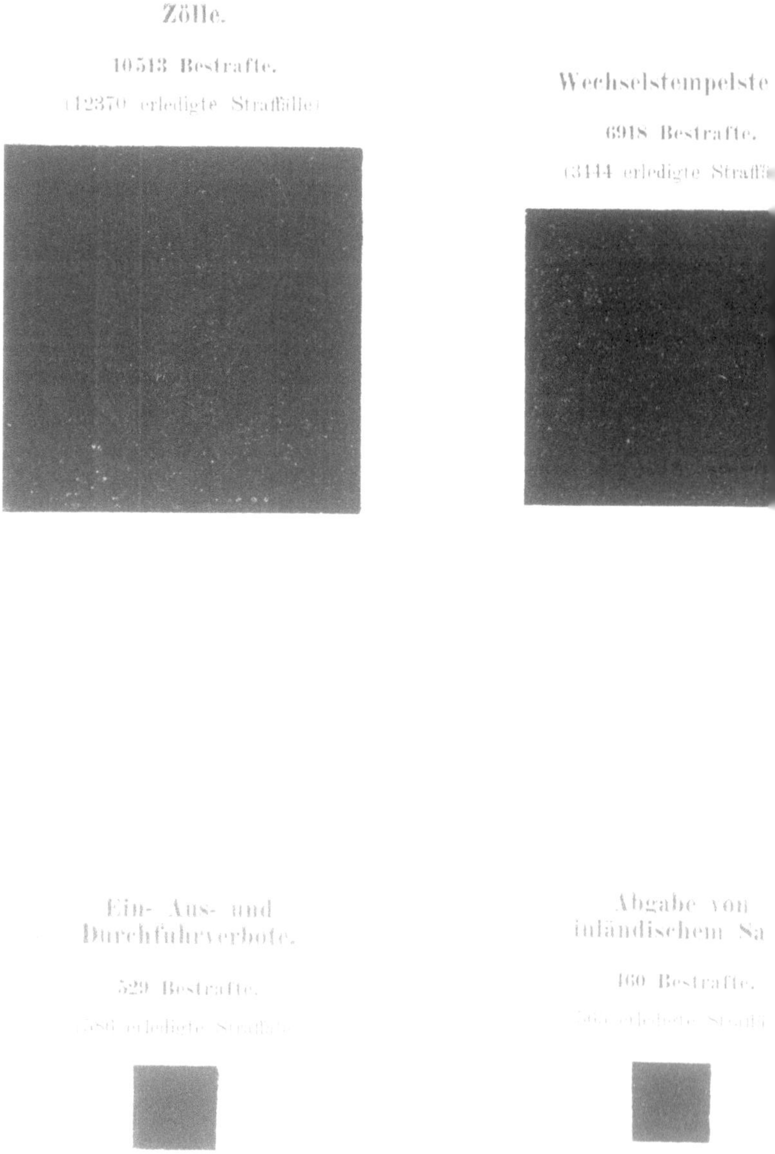
Zölle.
10513 Bestrafte.
(12370 erledigte Straffälle)
Wechselstempelste
6918 Bestrafte.
(3444 erledigte Straff
Ein- Aus- und Durchfuhrverbote.
529 Bestrafte.
(586 erledigte Straffälle)
Abgabe von inländischem Sa
160 Bestrafte.

srechtlichen Zoll- und Steue

Nach dem Rechnungsjahre 1908 ist

Insgesamt: 30

Insgesamt: 31292

Zigarettensteuer.

5337 Bestrafte.

(5815 erledigte Straffälle)

Branntw

2031 B

(2538 erledi

Übergangsabgabe.

134 Bestrafte.

(932 erledigte Straffälle)

Reichserbs

179 Be

(168 erledig

erstraffälle im Rechnungsjah

: diese Statistik nicht fortgesetzt.

0086 Bestrafte.

erledigte Straffälle.

einsteuer.

Bestrafte.

gte Straffälle

Reichsstempelabgaben.

1599 Bestrafte.

(1911 erledigte Straffälle)

haftssteuer.

strafte.

Zuckersteuer.

74 Bestrafte.

erledigte Straffälle.

908.

Tafel 10.

Zoll- und Steuerstraffälle.

Brausteuer.

1083 Bestrafte.

(378 erledigte Straffälle)

Tabaksteuer.

864 Bestrafte.

(1407 erledigte Straffälle)

pielkartenstempel.

49 Bestrafte.

(55 erledigte Straffälle)

Schaumweinsteuer.

16 Bestrafte.

(36 erledigte Straffälle)

Beilage A.

Bestimmungen

betreffend die Herstellung einer Statistik der rechtskräftig erledigten Strafsachen wegen Verbrechen und Vergehen gegen Reichsgesetze (§ 563 der Protokolle des Bundesrats vom 5. Dezember 1881).

§ 1. Die Herstellung der Statistik der rechtskräftig erledigten Strafsachen wegen Verbrechen und Vergehen gegen Reichsgesetze erfolgt durch Ausfüllung von Zählkarten nach dem anliegenden (nachstehend abgedruckten) Muster. Zuwiderhandlungen gegen die Vorschriften über die Erhebung öffentlicher Abgaben und Gefälle sind ausgeschlossen.

Für männliche Angeklagte sind weiße, für weibliche blaue Zählkarten zu verwenden.

Die Zählkartenformulare werden den Landesjustizverwaltungen durch das Reichsjustizamt nach Maßgabe des Bedarfs unentgeltlich geliefert.

§ 2. Für jedes Urteil oder jeden Strafbefehl ist nach Eintritt der Rechtskraft, und zwar für jeden einzelnen Angeklagten, eine Zählkarte auszufüllen.

Auf die infolge einer Wiederaufnahme des Verfahrens ergangenen Entscheidungen ist Rücksicht nicht zu nehmen.

§ 3. Auf jeder Zählkarte ist oben links das Aktenzeichen, oben rechts die laufende Nummer für das Kalenderjahr zu vermerken. Die laufenden Nummern gelten für sämtliche Angeklagte ohne Unterscheidung der Geschlechter.

§ 4. Die in einem Kalenderquartal ausgefüllten Zählkarten über die bei den Amtsgerichten und bei dem Landgerichte anhängig gewesenen Strafsachen sind bei der Staatsanwaltschaft des Landgerichts zu sammeln. Von der letzteren werden sie bis spätestens zum Schlusse des auf das Quartal folgenden Monats dem Kaiserlich Statistischen Amt — Berlin W., Lützowufer 7/8 — eingesendet. Dieselben sind nach den Gerichten gesondert und nach der Reihenfolge der laufenden Nummern geordnet zu verpacken und jedes einzelne Paket mit der Aufschrift zu versehen:

„Amtsgericht . . . . Landgerichtsbezirk . . . .“

oder

„Landgericht . . . .“

„Zählkarten (. . . Stück) für das . . te Kalenderquartal 18 . .“

Das Sammelpaket erhält die Aufschrift:

„Zählkarten des Landgerichtsbezirks . . . .
für das . . te Kalenderquartal 18 . . (. . . Einzelpakete).“

Die Einsendung der Zählkarten in denjenigen Sachen, in welchen das Reichsgericht in erster und letzter Instanz zuständig ist, erfolgt in entsprechender Weise durch den Oberreichsanwalt.

Die Mitteilung der Zählkarten in den bei den Konsulargerichten erledigten Sachen erfolgt durch das Auswärtige Amt.

Wenn bei einem Gericht innerhalb eines Quartals keine Zählkarte ausgestellt ist, wird eine Fehlanzeige erstattet und auf gleichem Wege dem Kaiserlich Statistischen Amte mitgeteilt.

§ 5. Die Landesregierungen werden die Staatsanwaltschaften bei den Landgerichten anweisen, Rückfragen, welche das Kaiserlich Statistische Amt wegen der Zählkarten oder ihres Inhalts unmittelbar an dieselben richtet, ungesäumt zu erledigen.

§ 6. Die Einsendung der Zählkarten (§ 4) sowie der in § 5 bezeichnete Schriftwechsel erfolgt unter der Bezeichnung „Reichs-Dienstsache“ portofrei.

§ 7. Die vorstehenden Bestimmungen treten mit dem 1. Januar 1882 in Kraft.

Die in § 1 vorstehender Bestimmungen erwähnte Zählkarte hat folgende Form:

[Vorderseite der Zählkarte.]

Aktenzeichen: . . . .

(Laufende Nummer der Zählkarte im Kalenderjahre) . . . .

Zählkarte für männliche Angeklagte.

Beim Landgericht, Amtsgericht (das nicht Zutreffende zu durchstreichen)

zu . . . .

im Bezirk des Oberlandesgerichts zu . . . .

im . . ten Quartale des Kalenderjahres 18 . .

---

1. Vor- und Familienname des Angeklagten . . . .

2. Geburtstag und Geburtsjahr: geboren den . . ten . . . . 18 . .

3. Kreis oder entsprechender Verwaltungsbezirk (Bezirksamt, Amtshauptmannschaft, Oberamt, Amtsbezirk etc., bei gleichnamigen Stadt- und Landbezirken: ob Stadt- oder Landbezirk), in welchem der Wohnort zur Zeit der Tat belegen . . . . ; Staat: . . . .

   (Liegt der Wohnort außerhalb des Deutschen Reichs, so genügt die Angabe des fremden Staats.)

4. Für Ausländer (Nichtdeutsche) Heimatsstaat: . . . .

5. Religionsbekenntnis: . . . .

6. Familienstand, ob ledig, verheiratet, verwitwet, geschieden, auf Lebenszeit gerichtlich getrennt (das Zutreffende zu unterstreichen).

7. Stand, Beruf, Erwerbs- oder Nahrungszweig, sowie Arbeits- oder Dienstverhältnis im Beruf (die Art des Hauptberufs, der Haupterwerbstätigkeit oder Beschäftigung oder der Haupteinkommens- oder Nahrungsquelle ist genau anzugeben; sofern durch die Angabe das Arbeits- oder Dienstverhältnis im Beruf nicht schon bezeichnet wird, unter Hinzufügung dieses Verhältnisses, ob nämlich Inhaber, Handwerksmeister, Geschäftsleiter oder Gehilfe, Geselle, Lehrling, Fabrikarbeiter, Kommis usw. . . . .

   . . . .

   Für Minderjährige ohne eigenen Beruf: Beruf der Eltern: . . . .

Bemerkungen, auch betreffs der Angaben auf der Rückseite *): . . . .

*) Insbesondere sind bei gemeinschaftlich begangenen Straftaten (§§ 47—49 Str.G.B.), falls für Teilnehmer an denselben im laufenden Kalenderjahr Zählkarten ausgefüllt wurden, tunlichst deren Nummern anzugeben.

[Rückseite der Zählkarte.]

8. Strafbare Handlung(en).

Art der strafbaren Handlung(en), zu bezeichnen nach der Urteilsformel bezw. dem Strafbefehl, mit Hinweis auf den oder die entsprechenden Paragraphen des Strafgesetzbuchs oder anderer Reichsgesetze (bei gemeinschaftlich begangenen Handlungen auch auf die angewendeten §§ 47, 48, 49 Str.G.B.) — Versuch ist als solcher zu bezeichnen. Bei Idealkonkurrenz (§ 73 Str.G.B.) ist die Handlung nur gemäß dem zur Anwendung gebrachten Strafgesetz zu bezeichnen. Stehen mehrere strafbare Handlungen in Frage (§§ 74 ff. a. a. O.), so sind dieselben einzeln unter einander aufzuführen, gleichartige Handlungen jedoch nur mit einem Buchstaben mit Angabe ihrer Gesamtzahl.	Der nebenbezeichneten strafbaren Handlung(en) — zu a), b), c) usw. je besonders — Tatort, belegen in welchem Kreis oder entsprechenden Verwaltungsbezirk (Bezirksamt, Amtshauptmannschaft, Oberamt, Amtsbezirk usw.); bei gleichnamigen Stadt- und Landbezirken, ob Stadt- oder Landbezirk?	Staat?	Zeit (wenn nicht genau bekannt, ungefähre Zeit) Tag	Monat	Jahr
a)					
b)					
c)					
d)					
e)					

9. Rechtskräftiges Urteil bezw. Strafbefehl.

A. Bezüglich jeder der zu Ziffer 8 benannten strafbaren Handlungen durch „Ja" anzugeben ob:

und zwar zu:	verurteilt?	Verfahren eingestellt?	freigesprochen?
a)			
b)			
c)			
d)			
e)			

B. Erkannte Strafe (Gesamtstrafe. — Bei a), d) und f) bezw. durch „Ja" zu beantworten).

	Zeitdauer der Strafe: Jahre*)	Monate	Wochen	Tage
a) Todesstrafe?				
b) Freiheitsstrafe u. zwar				
Zuchthaus				
Gefängnis				
Festung				
Haft				
c) Ehrverlust				
d) Zulässigkeit der Polizeiaufsicht?				
e) Geldstrafe: Wieviel Mark?				
f) Verweis?				

*) Bei lebenslänglicher Freiheitsstrafe sind statt der Zahl der Jahre die Buchstaben ll einzuschreiben.

10. Für Verurteilte: Vorgängige*) Verurteilungen wegen Verbrechen und Vergehen (nicht Übertretungen) gegen Reichsgesetze (nicht Landesgesetze) durch wieviele Entscheidungen? . . . . . . In welches Jahr fällt die letzte derselben? 18. . und zwar wegen welcher Straftat (von gleichzeitig abgeurteilten nur die schwerste)? . . . . . Falls auf Grund einer der Entscheidungen Freiheitsstrafe verbüßt wurde*), Dauer der letzten Strafverbüßung: . . . .
Beendigung derselben am . . ten . . . . 18. .

*) vor Begehung der Straftat zu Ziffer 8; bei mehreren Straftaten, vor Begehung der der Zeit nach letzten derselben.

Außerdem sind bei Rückfällen nach §§ 244, 250[5], 261, 264 des Strafgesetzbuchs die Nummern der betreffenden Paragraphen hier so viel mal zu unterstreichen, als den Rückfall bedingende Bestrafungen (nach Reichsgesetzen) stattgefunden haben.

Datum: . . . .

Name des ausfüllenden Beamten: . . . .

Beilage B.

Der Bundesrat hat in seiner Sitzung vom 16. Juni 1882 nachstehende

Verordnung

betreffend die Einrichtung von Strafregistern und die wechselseitige Mitteilung der Strafurteile

beschlossen.

§ 1.

Einrichtung der Register.

Über die rechtskräftigen Verurteilungen in Strafsachen werden Register geführt

1. bei den von den Landesregierungen zu bestimmenden Behörden bezüglich aller Personen, deren Geburtsort im Bezirke derselben gelegen ist. Die Aufsicht und Leitung der Registerführung liegt in allen Fällen der Staatsanwaltschaft bei den Landgerichten ob;
2. bei dem Reichsjustizamt bezüglich derjenigen Personen, deren Geburtsort außerhalb des Reichsgebietes belegen oder nicht zu ermitteln ist.

§ 2.

In die Register sind aufzunehmen alle durch richterliche Strafbefehle, durch polizeiliche Strafverfügungen, durch Strafurteile der bürgerlichen Gerichte einschließlich der Konsulargerichte, sowie durch Strafurteile der Militärgerichte ergehenden Verurteilungen wegen Verbrechen, Vergehen und wegen der im § 361 Nr. 1 bis 8 des Str.G.B. vorgesehenen Übertretungen.*) Ausgenommen sind dabei Verurteilungen:

1. in den auf Privatklage verhandelten Sachen;
2. in Forst- und Feldrügesachen;
3. wegen Zuwiderhandlungen gegen Vorschriften über Erhebung öffentlicher Abgaben und Gefälle;
4. wegen der militärischen Verbrechen und Vergehen wider die §§ 62 bis 68, 79, 80, 84 bis 90, 92 bis 95, 101 bis 104, 112 bis 120, 132, 139, 141 bis 144, 146, 147, 150 bis 152 des Milit.Str.G.B. vom 20. Juni 1872.

§ 3.

In die Register sind ferner aufzunehmen:

1. die auf Grund des § 362 Abs. 2 des Str.G.B. ergehenden Beschlüsse der Landespolizeibehörden über die Unterbringung verurteilter Personen in ein Arbeitshaus oder deren Verwendung zu gemeinnützigen Arbeiten.
2. die aus dem Auslande eingehenden Mitteilungen über dort erfolgte Verurteilungen.

---

*) Auszug aus dem Strafgesetzbuch für das Deutsche Reich.

§ 361. **Mit Haft wird bestraft:**

1. wer, nachdem er unter Polizeiaufsicht gestellt worden ist, den infolge derselben ihm auferlegten Beschränkungen zuwiderhandelt;
2. wer, nachdem er des Bundesgebiets oder des Gebietes eines Bundesstaates verwiesen ist, ohne Erlaubnis zurückkehrt;
3. wer als Landstreicher umherzieht;
4. wer bettelt oder Kinder zum Betteln anleitet oder ausschickt, oder Personen, welche seiner Gewalt oder Aufsicht untergeben sind und zu seiner Hausgenossenschaft gehören, vom Betteln abzuhalten unterläßt;
5. wer sich dem Spiel, Trunk oder Müßiggang dergestalt hingibt, daß er in einen Zustand gerät, in welchem zu seinem Unterhalte oder zum Unterhalte derjenigen, zu deren Ernährung er verpflichtet ist, durch Vermittelung der Behörde fremde Hilfe in Anspruch genommen werden muß;
6. eine Weibsperson, welche wegen gewerbsmäßiger Unzucht einer polizeilichen Aufsicht unterstellt ist, wenn sie den in dieser Hinsicht zur Sicherung der Gesundheit, der öffentlichen Ordnung und des öffentlichen Anstandes erlassenen polizeilichen Vorschriften zuwiderhandelt, oder welche, ohne einer solchen Aufsicht unterstellt zu sein, gewerbsmäßig Unzucht treibt;
7. wer, wenn er aus öffentlichen Armenmitteln eine Unterstützung empfängt, sich aus Arbeitsscheu weigert, die ihm von der Behörde angewiesenen, seinen Kräften angemessene Arbeit zu verrichten;
8. wer nach Verlust seines bisherigen Unterkommens binnen der ihm von der zuständigen Behörde bestimmten Frist sich kein anderweitiges Unterkommen verschafft hat und auch nicht nachweisen kann, daß er solches der von ihm angewandten Bemühungen ungeachtet nicht vermocht habe.

§ 4.

Den Landesregierungen bleibt es unbenommen, in die § 1 Nr. 1 bezeichneten Register auch andere, den Zwecken der Strafrechtspflege oder der Polizei dienliche Nachweisungen aufnehmen zu lassen.

§ 5.

Mitteilung der zu registrierenden Entscheidungen.

Die Mitteilung zum Zwecke der Registrierung erfolgt:

1. bei Verurteilungen mit Ausnahme der militärgerichtlichen, nach Eintritt der Rechtskraft durch diejenige Behörde, welche die Strafvollstreckung zu veranlassen hat oder — je nach näherer Bestimmung der Landesregierungen — durch die Beamten der Staatsanwaltschaft.
2. bei den im § 3 Nr. 1 bezeichneten Beschlüssen der Landespolizeibehörden durch die beschließende Behörde.

§ 6.

Die Mitteilung einer militärgerichtlichen Verurteilung erfolgt, sobald für den Verurteilten der Militärgerichtsstand gänzlich aufhört.

Abgesehen von diesem Falle erfolgt die Mitteilung mit der Überführung des Verurteilten in den Beurlaubtenstand bezw. mit der Wiederüberführung derselben in das Beurlaubtenverhältnis. Die Mitteilung ist von demjenigen Truppenteile zu machen, welchem der Verurteilte bei seinem Ausscheiden aus dem Militärgerichtsstande bezw. bei seinem Übertritt oder Rücktritt in den Beurlaubtenstand angehört hat.

Gehörte der Verurteilte einem Truppenteile nicht an, so erfolgt die Mitteilung von derjenigen Militärbehörde, welcher der Verurteilte im gedachten Zeitpunkte unterstellt war, oder wenn er auch einer solchen nicht unterstellt war, vom Kriegsministerium. In Ansehung der mit Pension verabschiedeten Offiziere und Militärbeamten, insofern letztere der Militärgerichtsbarkeit unterworfen sind, erfolgt die Mitteilung von demjenigen Generalkommando, in dessen Bezirk der Verurteilte beim Ausscheiden aus dem Militärgerichtsstande seinen Wohnsitz hatte.

Von den bei den Gerichten der Kaiserl. Marine erfolgten Verurteilungen ist die Mitteilung durch diejenige Marinestation zu machen, welcher der Verurteilte bei seinem Ausscheiden aus dem Militärgerichtsstande, bezw. bei seinem Übertritt oder Rücktritt in den Beurlaubtenstand angehört hat. Gehörte der Verurteilte zu diesem

Zeitpunkte einer Marinestation nicht an, so erfolgt die Mitteilung durch den Chef der Admiralität.

§ 7.

Die Mitteilungen sind für jeden Verurteilten besonders, in der Regel binnen 14 Tagen nach eingetretener Rechtskraft der Entscheidung bezw. nach Eintritt des aus § 6 sich ergebenden Zeitpunktes, zu richten:

1. wenn der Geburtsort des Verurteilten ermittelt und in Deutschland gelegen ist, an diejenige Registerbehörde, zu deren Bezirk der Geburtsort gehört, oder — sofern diese Behörde der mitteilenden Behörde nicht bekannt ist, an die Staatsanwaltschaft desjenigen Landgerichtes, zu dessen Bezirk der Geburtsort gehört; werden die Register nicht bei der Staatsanwaltschaft selbst geführt, so hat letztere die Mitteilungen der Registerbehörde unverzüglich zu übersenden;
2. wenn der Geburtsort nicht zu ermitteln war, oder außerhalb Deutschlands belegen ist, an das Reichsjustizamt.

Die Mitteilungen erfolgen durch Zusendung von Vermerken, welche die Entscheidung auszugsweise enthalten. In wie weit die Mitteilung der bei den Konsulargerichten ergehenden Verurteilungen an die im Absatz I unter 1 und 2 bezeichneten Stellen, direkt oder durch Vermittelung des Auswärtigen Amtes zu geschehen hat, bleibt der Bestimmung des Reichskanzlers überlassen.

§ 8.

Die Vermerke sind in den Fällen des § 2 als Strafnachricht A, in den Fällen des § 3 als Strafnachricht B zu bezeichnen und auf starkem Papier in Gemäßheit der anliegenden Formulare aufzustellen. Die letzteren sind auch in Bezug auf Größe, Format und Farbe des Papiers maßgebend.

Die Strafnachrichten müssen hiernach, und zwar in möglichst deutlicher Schrift, enthalten:

1. den durch die Größe der Buchstaben besonders hervortretenden Familiennamen des Verurteilten (bei Frauen den Geburtsnamen), sowie etwaige Beinamen und die Vornamen desselben, bei mehreren Vornamen ist der Rufname zu zu unterstreichen;
2. die Namen seiner Eltern;
3. Tag und Ort der Geburt; liegt letzterer in Berlin, so ist womöglich Straße oder Stadtteil hinzuzufügen;

4. Wohnort und Beruf des Verurteilten
5. Familienstand des Verurteilten und gegebenenfalls Name und Stand des Ehegatten;
6. einen Auszug der verurteilenden Entscheidungen, aus welchem insbesondere zu ersehen ist
   a) die erkennende Behörde,
   b) das Datum der Verurteilung,
   c) Charakter der für erwiesen erachteten Straftaten, und die zur Anwendung gebrachten gesetzlichen Bestimmungen,
   d) die ausgesprochene Strafe.

Auf die vollständige und aktenmäßige Richtigkeit dieser Angaben ist die größte Sorgfalt zu verwenden. Insoweit die betreffenden Tatsachen nicht zweifellos, sei es in den Akten, sei es durch nachträgliche Erhebungen der mitteilenden Behörde, festgestellt sind, muß dies in der Strafnachricht ausdrücklich hervorgehoben werden; z. B. Tag und Monat der Geburt „nicht ermittelt" oder Geburtsjahr „angeblich ......".

§ 9.

Bestehen Zweifel über die Richtigkeit des in die Strafnachricht aufgenommenen Geburtsortes, so ist außer der Strafnachricht für das Register des Geburtsortes noch ein zweiter Vermerk für das Strafregister desjenigen Bezirks zu fertigen, in welchem der gewöhnliche, oder mangels eines solchen, der letzte Aufenthaltsort des Verurteilten belegen ist.

Aus jedem Vermerk muß ersichtlich sein, wo sich die andern Exemplare befinden.

§ 10.

Ergibt sich im Laufe einer Untersuchung, daß ein Angeschuldigter früher unter falschem Namen verurteilt ist, oder daß Vorstrafen desselben an der nach dieser Verordnung zuständigen Stelle (§ 1 Nr. 1 bezw. 2) noch nicht registriert sind, so ist am Schlusse der Untersuchung zu veranlassen, daß

1. nachträglich den Bestimmungen der §§ 7, 8 entsprechende Strafnachrichten ergehen,
2. die Berichtigung oder Vernichtung der etwa in die Register aufgenommenen falschen Strafnachrichten erfolgt.

§ 11.

Führt ein Verurteilter befugter- oder unbefugterweise mehrfache Familiennamen, so ist auf jeden Namen eine besondere Nachricht — unter ausdrücklicher Verweisung auf die anderen Strafnachrichten — aufzustellen und abzusenden.

§ 12.

Wird eine zur Registrierung mitgeteilte Verurteilung infolge einer Wiederaufnahme des Verfahrens aufgehoben, so hat hiervon, nach eingetretener Rechtskraft der Entscheidung, die Behörde, welche für deren Vollzug zu sorgen hat, der mit der Führung des betreffenden Registers betrauten Behörde bezw. der zuständigen Staatsanwaltschaft Mitteilung zu machen. Die Registerbehörde hat den Inhalt der Mitteilung auf dem im Register niedergelegten Vermerke der Verurteilung einzutragen.

§ 13.

Form der Registerführung.

Die Register enthalten die Vermerke (§§ 7, 8, 9) in der übersandten Urschrift. Die Vermerke sind alphabetisch geordnet und verschlossen aufzubewahren.

§ 14.

Der mit der Registerführung betraute Beamte hat nach Eingang der Vermerke die Vollständigkeit, und möglichst auch, gegebenenfalls auf Grund der Standesregister — die Richtigkeit der in dem Vermerke enthaltenen Angaben über die Persönlichkeit und den Geburtsort des Verurteilten zu prüfen. Findet er eine erhebliche Unvollständigkeit oder Unrichtigkeit, so hat er den Vermerk unter kurzer Angabe des Grundes an die absendende Behörde behufs weiterer Prüfung und event. Berichtigung zurückzusenden. Im andern Falle hat er den ihm zugegangenen Vermerk unter genauer Beobachtung der alphabetischen Ordnung in das Register aufzunehmen. Bei verheirateten Frauen ist ihr ursprünglicher Familienname (Geburtsname) maßgebend.

§ 15.

Mehrere, dieselbe Person betreffende Vermerke sind nicht einzeln in dem Register aufzubewahren, sondern durch einen besonderen Umschlag mit Namensaufschrift von den übrigen Vermerken getrennt zu halten.

§ 16.

Diejenigen Vermerke, welche Personen betreffen, die inhalts derselben das 70. Lebensjahr überschritten haben, sind aus den Registern zu entfernen. Das gleiche gilt von Vermerken über Personen, deren Tod dem registerführenden Beamten glaubhaft nachgewiesen ist.

§ 17.

Auskunftserteilung aus den Registern.

Gerichtlichen und anderen deutschen Behörden ist auf jedes eine bestimmte Person betreffende Ersuchen über den Inhalt der Register kostenfrei amtliche Auskunft zu erteilen.

Das Ersuchen ist nach Maßgabe des Formulars C an die zuständige registerführende Behörde oder an den Staatsanwalt bei dem Landgericht des Geburtsortes der betr. Person zu richten. Die registerführende Behörde erteilt ihre Auskunft durch Ausfüllung des ihr zugegangenen Formulars und zwar:

a) im Falle sich die betr. Person im Register nicht vorfindet, durch Einfügung des Wortes „nicht" vor das Wort „verurteilt" in der Zeile: „ist ausweislich des Strafregisters verurteilt";

b) andernfalls durch genaue Ausfüllung der weiteren Rubriken des Formulars auf Grund der im Register sich vorfindenden Vermerke.

Ergibt sich, daß die in dem Ersuchen bezeichnete Person an dem angegebenen Orte in dem Bezirk der ersuchten Behörde nicht geboren ist, worüber diese sich tunlichst Gewißheit zu verschaffen hat, so ist das Ersuchen mit einer entsprechenden Bemerkung zurückzusenden. Wird auf Verlangen die Auskunft telegraphisch erteilt, so ist dennoch schriftliche Auskunft nachzusenden.

§ 18.

In wie weit auswärtigen Behörden kostenfrei oder gegen Erhebung einer Gebühr Auskunft zu geben ist, bleibt, soweit nicht bezügliche Abmachungen des Reichs mit der betreffenden auswärtigen Regierung getroffen sind, der Bestimmung der Landesregierung, bezügl. des bei dem Reichsjustizamt geführten Registers der Bestimmung des Reichskanzlers überlassen.

§ 19.

Schlussbestimmungen.

Den Landesregierungen — hinsichtlich des Zentralregisters dem Reichskanzler — bleiben auch die sonstigen zur Ausführung dieser Verordnung erforderlichen Bestimmungen vorbehalten.

§ 20.

Durch gegenwärtige Verordnung wird die Geltung von Vorschriften in den Bundesstaaten über anderweitig in Strafsachen von den Behörden zu machende Mitteilungen nicht berührt.

Insbesondere bleiben unberührt die Vorschriften, wonach einzelnen ausländischen Regierungen die Verurteilungen ihrer Staatsangehörigen vertragsmäßig in bestimmter Form mitzuteilen sind.

§ 21.

Diese Verordnung tritt am 1. Oktober 1882 in Kraft.

Berlin, den 16. Juni 1882.

Der Reichskanzler.

I. V.:

v. Schelling.

Druck von Otto Walter in Berlin S. 14.